HERMÍNIO SARGENTIM

OFICINA de ESCRITORES

ENSINO FUNDAMENTAL

2ª edição
São Paulo – 2020

Oficina de escritores
Língua Portuguesa – volume 9
© IBEP, 2020

Diretor superintendente	Jorge Yunes
Diretora editorial	Célia de Assis
Assessoria pedagógica	Lunalva Gomes
Edição	RAF Editoria e Serviços
Revisão	Adriane Gozzo
Produção editorial	Elza Mizue Hata Fujihara
Assistente de produção gráfica	Marcelo de Paula Ribeiro
Estagiária	Verena Fiesenig
Iconografia	Victoria Lopes
Ilustração	Bruno Badaim/Manga Mecânica
Projeto gráfico e capa	Aline Benitez
Editoração eletrônica	Nany Produções Gráficas

CIP-BRASIL. CATALOGAÇÃO NA PUBLICAÇÃO
SINDICATO NACIONAL DOS EDITORES DE LIVROS, RJ

S251o
2. ed.
v. 9

Sargentim, Hermínio Geraldo
 Oficina de escritores, volume 9 / Hermínio Geraldo Sargentim. – 2.ed. – São Paulo: IBEP, 2020.

 ISBN 978-65-5696-038-8 (aluno)
 ISBN 978-65-5696-039-5 (professor)

 1. Língua portuguesa – Composição e exercícios. 2. Língua portuguesa - Estudo e ensino (Ensino fundamental). I. Título.

20-64418
CDD: 372.4
CDU: 373.3.016:811.134.3

Meri Gleice Rodrigues de Souza - Bibliotecária - CRB-7/6439
17/05/2020   22/05/2020

Impressão e acabamento: 2025 - Esdeva Indústria Gráfica Ltda. - CNPJ: 17.153.081/0001-62
Av. Brasil, 1405 - Poço Rico - Juiz de Fora - MG - CEP.: 36020-110

2ª edição – São Paulo – 2020
Todos os direitos reservados

Rua Gomes de Carvalho, 1306 – 11º andar – Vila Olímpia
São Paulo-SP – 04547-005 – Brasil – Tel.: (11) 2799-7799
www.ibep-nacional.com.br

APRESENTAÇÃO

Futuro escritor,

Para aprender a escrever é necessário, antes de mais nada, escrever. É na prática constante da escrita que, gradativamente, são incorporadas as habilidades fundamentais do processo redacional.

Neste livro, você será conduzido a produzir diferentes gêneros textuais, todos reunidos em projetos. Para escrevê-los, vai ser preciso vivenciar algumas etapas de criação de um texto:

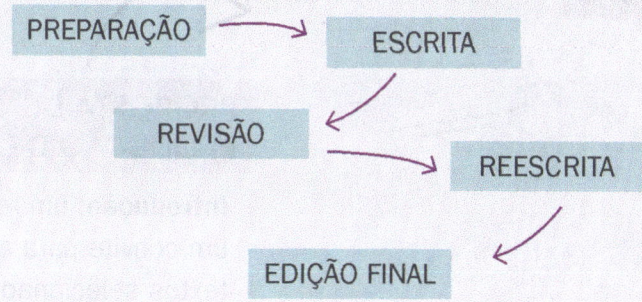

A escrita permite-lhe refletir e organizar os dados da realidade. Ao mesmo tempo, possibilita-lhe viver de maneira intensa o seu pensar e o seu sentir.

Mediante o domínio da escrita, você certamente terá condições de conhecer e desenvolver, com maior consciência, as características básicas do ser humano – um ser inteligente, criativo e sensível.

O autor

ORGANIZAÇÃO DO LIVRO

PROJETOS

Todos os livros da **Oficina de escritores** estão divididos em projetos. Em cada projeto, você vai criar diferentes textos que formarão os seus livros ou o seu jornal.

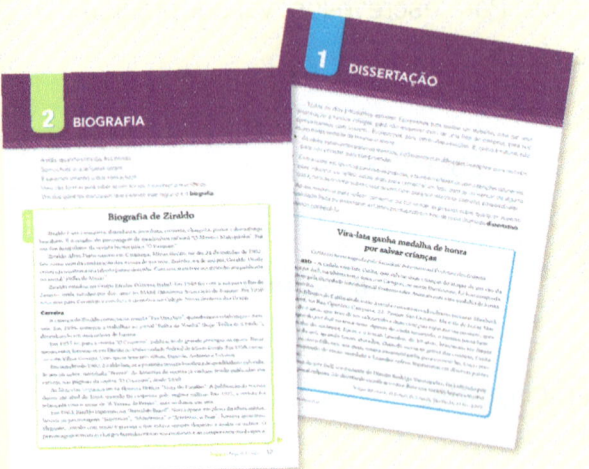

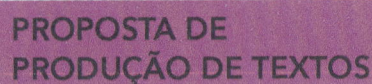

PROPOSTA DE PRODUÇÃO DE TEXTOS

Introdução: um resumo e um convite para a leitura dos textos selecionados.

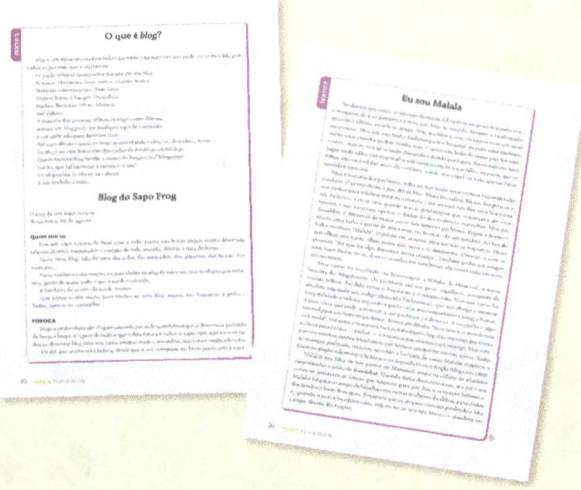

Leitura: apresenta-se uma variedade de textos selecionados de acordo com o projeto. A leitura desses textos busca orientar e, ao mesmo tempo, motivar você a escrever.

Estudo do texto: seção do livro que objetiva ajudar você a descobrir a maneira como os textos foram escritos, além de analisar os recursos da língua usados pelos autores no processo de criação textual.

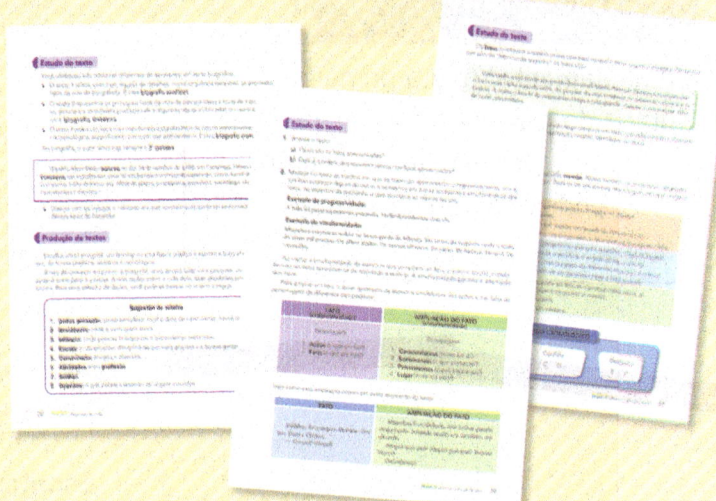

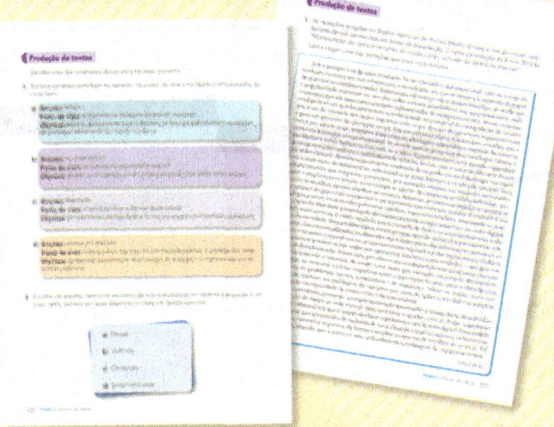

Produção de textos: nesta seção, você é convidado a escrever o próprio texto, com base na análise da organização do texto lido. A escrita envolve cinco etapas: preparação, escrita, revisão, reescrita e edição final. Essas etapas serão registradas em fichas.

GUIA DE REVISÃO DE TEXTOS

Esta é a última etapa do seu livro. Nela você pode encontrar uma explicação sobre os itens do **Roteiro de revisão** dos textos propostos na coleção.

FICHAS DE PRODUÇÃO DE TEXTOS

Planejamento: nesta primeira etapa de produção, você vai pensar no texto a ser escrito. Enquanto isso, poderá desenhar e fazer anotações.

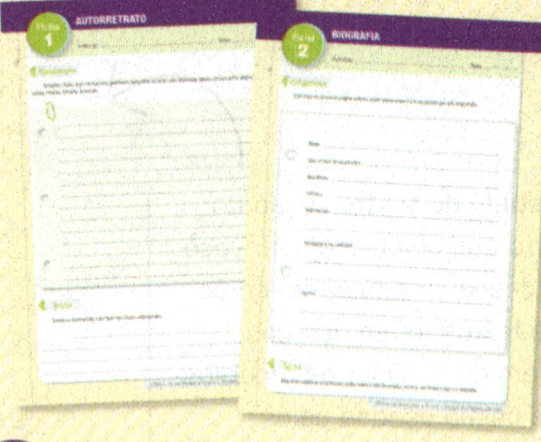

Escrita: esta é a etapa em que você vai começar a escrever, livremente, o seu texto. É essencial escrever à vontade, porque estará fazendo apenas um rascunho.

Revisão: esta etapa é muito importante. Você vai ler o texto que escreveu e, com o auxílio de um **Roteiro de revisão**, fará as correções que julgar necessárias.

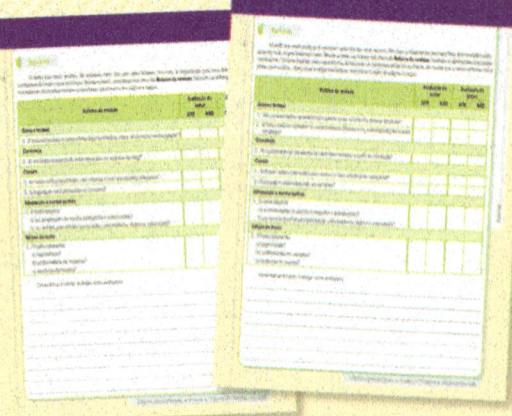

Reescrita do texto e Edição final: após a revisão do seu texto, você vai reescrevê-lo para que um leitor (professor e/ou colega) o avalie. Com a orientação de seu professor, você fará a edição final e publicação do texto, que vai compor o projeto proposto.

SUMÁRIO

PROJETO A
PÁGINAS DA VIDA 9

1. **Autorretrato** 10
   - Retrato 10
   - Autorretrato 11
   - Estudo do texto 12
   - Produção de textos 12
2. **Biografia** 17
   - Texto 1 17
   - Texto 2 18
   - Texto 3 19
   - Estudo do texto 20
   - Produção de textos 20
3. **Autobiografia** 25
   - Maria 25
   - Eu sou Malala 26
   - Estudo do texto 27
   - Produção de textos 27
4. **Diário** 33
   - O diário de Anne Frank 33
   - Marisa 34
   - Estudo do texto 34
   - Produção de textos 34
5. **Blog** 39
   - Blog 39
   - O que é blog? 40
   - Blog do Sapo Frog 40
   - Estudo do texto 42
   - Produção de textos 42
6. **Vlog** 47
   - Produção de textos 48
7. **Perfil** 49
   - Perfil 49
   - Estudo do texto 50
   - Produção de textos 50

PROJETO B
NO MUNDO DA FICÇÃO 55

1. **Fato: matéria-prima da história** 58
   - Festa acabada 60
   - Estudo do texto 61
   - Produção de textos 62
2. **Foco narrativo** 67
   - Lucíola 68
   - O mendigo e o dono do restaurante 70
   - Estudo do texto 71
   - Produção de textos 72
3. **Ampliação dos fatos** 77
   - Corinthians vs. Palestra 78
   - Estudo do texto 79
   - Produção de textos 80
4. **Conflito da personagem** 85
   - Encontro com o passado 85
   - Estudo do texto 86
   - Produção de textos 88
5. **Enredo** 93
   - Menino de engenho 94
   - Estudo do texto 95
   - O meucalipto 96
   - Estudo do texto 98
   - Produção de textos 99
6. **Suspense** 105
   - O valente 105
   - Estudo do texto 108
   - Produção de textos 108

Bruno Badain/
Manga Mecânica

PROJETO C

FÓRUM DE IDEIAS 113

1. Dissertação 114
   Vira-lata ganha medalha de
   honra por salvar criança 114
   Sua excelência, a vira-lata 115
   Estudo do texto 115
   Produção de textos............................... 117
2. Assunto, ponto de vista e objetivo .. 123
   Assunto 124
   Ponto de vista 125
   Objetivo 126
   Produção de textos............................... 128
3. Tese 133
   As relações entre o homem e a
   natureza e a crise socioambiental........ 133
   Estudo do texto 134
   Produção de textos............................... 135
4. Estrutura do parágrafo 141
   Estudo do texto 141
   Produção de textos............................... 142
5. Dissertação expositiva...................... 147
   Conceito absoluto e conceito relativo. 147
   Produção de textos............................... 149
6. Dissertação argumentativa 155
   Menores ao volante 156
   Estudo do texto 157
   Produção de textos............................... 158
7. Editorial 163
   Problemas da água 164
   Estudo do texto 165
   Produção de textos............................... 166
8. Artigo de opinião 171
   A fome é um crime 171
   Estudo do texto 172
   Produção de textos............................... 174
9. Seminário 179
   Produção de textos............................... 182

GUIA DE REVISÃO DE TEXTOS

1. Edição... 185
2. Concisão 189
3. Coesão 193
4. Coerência 199
5. Adequação à norma-padrão 207

PROJETO **A**

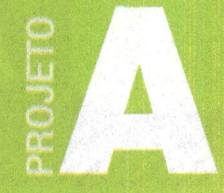

PÁGINAS DA VIDA

Objetivo

Neste projeto, você e os colegas vão escrever, editar e publicar livros com textos que registram sua vida, a dos colegas e/ou de outras pessoas escolhidas por você.

Estratégias

Para isso, vocês vão conhecer e produzir textos de diferentes gêneros discursivos, cujo objetivo é relatar ou registrar momentos significativos da vida.

Encerramento

Você e os colegas vão preparar uma festa de encerramento, na qual serão apresentados para a comunidade (professores, alunos, pais, colegas e amigos) os trabalhos produzidos.

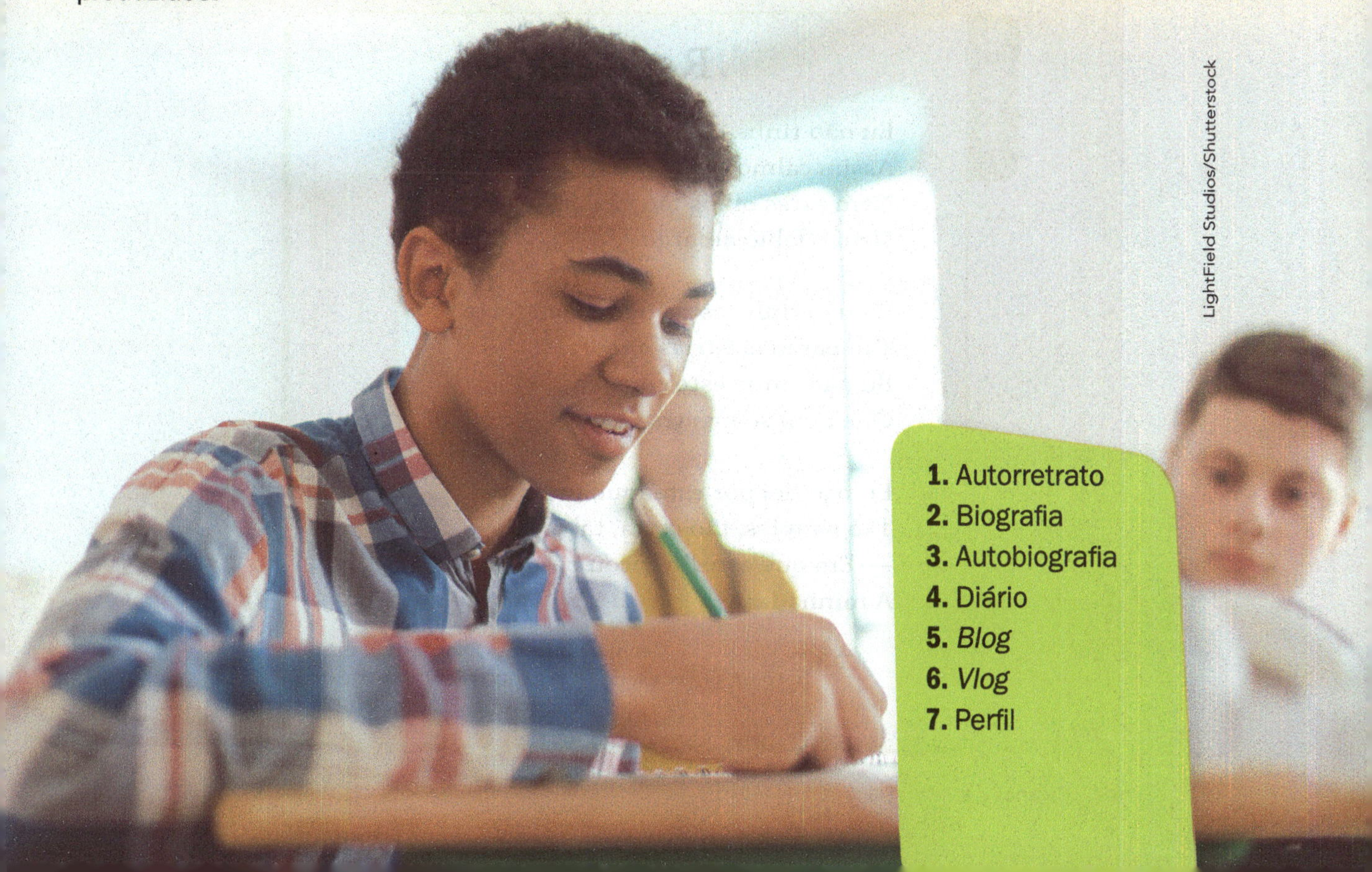

LightField Studios/Shutterstock

1. Autorretrato
2. Biografia
3. Autobiografia
4. Diário
5. *Blog*
6. *Vlog*
7. Perfil

1 AUTORRETRATO

Autorretrato é o relato que uma pessoa faz de si mesma.

No quadro ao lado, o artista apresenta o autorretrato por meio da pintura.

Além da pintura, pode-se fazer o autorretrato por meio de foto, desenho, gravura e da palavra falada ou escrita.

Atualmente, o modo mais comum de se fazer um autorretrato é por meio de *selfies*, fotografias digitais que as pessoas tiram de si mesmas com um celular ou outro dispositivo que contenha câmera. As *selfies* costumam ser compartilhadas na internet, nas redes sociais, nos aplicativos e nas mensagens instantâneas de celular.

Apresentamos a seguir dois autorretratos, cujos autores usaram a língua escrita para fazer a descrição de si próprios.

Van Gogh. *Autorretrato*, 1887.

TEXTO 1

Retrato

Eu não tinha este rosto de hoje,
Assim calmo, assim triste, assim magro,
Nem estes olhos tão vazios,
Nem o lábio amargo.

Eu não tinha estas mãos sem força,
Tão paradas e frias e mortas;
Eu não tinha este coração
Que nem se mostra.

Eu não dei por esta mudança,
Tão simples, tão certa, tão fácil:
— Em que espelho ficou perdida
A minha face?

Cecília Meireles. Disponível em: https://www.escritas.org/pt/t/1505/retrato. Acesso em: 23 jun. 2020.

TEXTO 2

FDR fdr.wunderblogs.com
Posted by Fábio Danesi Rossi

Autorretrato

As descrições não me caem bem. Cético, cínico, machista, pessimista, arrogante, vingativo, incoerente, inconsistente, inconstante – dificilmente encontrarão alguém mais tenro e de melhor coração. 29 voltas em torno do sol ainda não foram suficientes para que eu me acostumasse, ou me acostumasse a não me acostumar, com o fato de estar girando no espaço na superfície de uma bola absurda. Evito pensar a sério sobre esse fato curioso. Sempre que penso a sério chego a conclusões estúpidas. Já concluí, por exemplo, que a vida é uma ilusão, que o sofrimento é importante e que é impossível viver sem as mulheres.

Não sou especialista em nada. A única coisa que tento conhecer profundamente é a alma dos homens – embora ache o corpo da mulher infinitamente mais interessante. Por uma fatalidade geográfica, nasci no Brasil, mas meu país de coração começa na sola dos meus pés e termina no meu último fio de cabelo. Nunca conheci ninguém parecido comigo: sou a menor das minorias. Gosto do que é bom e não gosto do que é ruim. Acredito em Deus, Ele não acredita em mim. Tenho manias extremamente estranhas, como pensar e amar. Nasci sabendo tudo; fui esquecendo com a idade. A maturidade, que ameaça bater em minha porta, parece vir da completa ausência de certezas. Mas não tenho certeza disso. Sei que não sou homem de ambição. Daria, agora mesmo, meu pequeno reino por um pônei.

Meu maior receio: ressuscitar em um lugar frio pra diabo e ouvir uma voz dizer:

"Agora, na neve". (14/07/2002, 10h02)

Wunderblogs.com. Vários autores. Apres. Ivan Lessa. São Paulo: Barracuda, 2004.

Estudo do texto

Você conheceu duas possibilidades de construir um texto que apresente um **autorretrato** por meio da língua escrita. Esses textos apresentam várias diferenças quanto à organização, à linguagem e à visão de mundo de seus autores.

Identifique, com os colegas, as diferenças entre esses textos, sobretudo em relação ao conteúdo e à linguagem.

Escreva **1** para as informações que se referem ao primeiro texto e **2** para aquelas relacionadas ao segundo texto.

- ☐ O autor compõe o autorretrato por meio de frases que apresentam marcas que o tempo deixou em sua vida.

- ☐ Predominam frases que traduzem opiniões ou sensações do autor.

- ☐ O texto sugere que o autor é uma pessoa bem-humorada, sensível, com certa experiência da vida e extremamente questionadora diante de tudo o que acontece na vida.

- ☐ O texto sugere que o o autor, mesmo se mostrando triste, aceita as mudanças como condição natural da vida humana.

Produção de textos

Assim como os autores dos textos 1 e 2, escreva você também um autorretrato.

Você pode seguir o estilo dos textos lidos ou se colocar no lugar de outra pessoa – real ou imaginária –, de um animal ou de um objeto.

Antes de começar a escrevê-lo, anote o que se relaciona a você ou à personagem que você escolheu ser para escrever o autorretrato.

1. Dados pessoais.
2. Características físicas significativas.
3. Preferências.
4. Do que não gosta.
5. Medos.
6. Filosofia de vida.

Você também pode pensar em outros aspectos significativos para comunicar uma impressão básica de quem você está fazendo o autorretrato.

Ficha 1 — AUTORRETRATO

Autor(a): _____   Data: ___/___/___

Planejamento

Selecione dados que, no conjunto, permitam comunicar ao leitor uma impressão básica: pessoa séria, alegre, comunicativa, nervosa, solitária, brava etc.

_____
_____
_____
_____
_____
_____
_____
_____
_____
_____
_____
_____
_____
_____
_____
_____

Escrita

Escreva o autorretrato, com base nos dados selecionados.

_____
_____
_____
_____

Oficina de escritores • 9º ano • Projeto A: Páginas da vida

Revisão

Releia sempre o rascunho do seu texto com muita atenção. Revise-o com base no **Roteiro de revisão**. Não tenha pressa ao fazer este trabalho. Ele é muito importante para seu texto.

Roteiro de revisão	Avaliação do autor		Avaliação do leitor	
	SIM	NÃO	SIM	NÃO
Gênero textual				
1. O texto atende às características do gênero autorretrato?				
Coerência				
1. O conteúdo apresentado está adequado ao objetivo do autorretrato?				
Coesão				
1. As frases estão construídas com clareza e com vocabulário adequado?				
2. A linguagem está adequada ao contexto?				
Adequação à norma-padrão				
1. O texto respeita:				
a) as convenções da escrita (ortografia e acentuação)?				
b) as normas gramaticais (pontuação, concordância, regência, colocação)?				
Edição do texto				
1. O texto apresenta:				
a) legibilidade?				
b) uniformidade de margens?				
c) ausência de rasuras?				

Comentários do leitor (colegas e/ou professor):

_____
_____
_____
_____
_____
_____
_____
_____
_____

Autor(a): _____

Oficina de escritores • 9º ano • Projeto A: Páginas da vida

Reescrita

Edição final

Prepare a edição de seu texto de acordo com o suporte no qual você vai publicá-lo: livro, mural, revista, jornal, internet. Ilustre-o com fotos ou desenhos.

2 BIOGRAFIA

A vida, quando contada, fica bonita.

Somos hoje o que fomos ontem.

E seremos amanhã o que somos hoje.

Uma das formas para saber quem somos é escrever o que fomos.

Um dos gêneros discursivos que permite esse registro é a **biografia**.

Biografia de Ziraldo

Ziraldo é um cartunista, desenhista, jornalista, cronista, chargista, pintor e dramaturgo brasileiro. É o criador do personagem de quadrinhos infantil "O Menino Maluquinho". Foi um dos fundadores da revista humorística "O Pasquim".

Ziraldo Alves Pinto nasceu em Caratinga, Minas Gerais, no dia 24 de outubro de 1932. Seu nome vem da combinação dos nomes de sua mãe, Zizinha, e o de seu pai, Geraldo. Desde criança já mostrava seu talento para o desenho. Com seis anos teve um desenho seu publicado no jornal "Folha de Minas".

Ziraldo estudou no Grupo Escolar Princesa Isabel. Em 1949 foi com a avó para o Rio de Janeiro, onde estudou por dois anos no MABE (Moderna Associação de Ensino). Em 1950 retornou para Caratinga e concluiu o científico no Colégio Nossa Senhora das Graças.

Carreira

A carreira de Ziraldo começou na revista "Era Uma Vez", quando fazia colaborações mensais. Em 1954, começou a trabalhar no jornal "Folha da Manhã" (hoje "Folha de S.Paulo"), desenhando em uma coluna de humor.

Em 1957 foi para a revista "O Cruzeiro", publicação de grande prestígio na época. Nesse mesmo ano, formou-se em Direito na Universidade Federal de Minas Gerais. Em 1958, casou-se com Vilma Gontijo. Com quem teve três filhos, Daniela, Antônio e Fabrízia.

Em outubro de 1960, Ziraldo lançou a primeira revista brasileira de quadrinhos e colorida, de um só autor, intitulada "Pererê". As histórias da revista já vinham sendo publicadas em cartuns nas páginas da revista "O Cruzeiro", desde 1959.

As histórias se passavam na floresta fictícia "Mata do Fundão". A publicação da revista durou até abril de 1964, quando foi suspensa pelo regime militar. Em 1975, a revista foi relançada com o nome de "A Turma do Pererê", mas só durou um ano.

Em 1963, Ziraldo ingressou no "Jornal do Brasil". Nessa época, em plena ditadura militar, lançou os personagens "Supermãe", "Mineirinho" e "Jeremias, o Bom", homem atencioso, elegante, vestido com terno e gravata e que estava sempre disposto a ajudar os outros. O personagem marcou as charges fazendo críticas aos costumes e ao comportamento da época.

Em 22 de junho de 1969, foi lançado o semanário "O Pasquim", um tabloide de humor e de oposição ao regime militar, que renovou a linguagem jornalística, do qual participavam diversas personalidades importantes, como os cartunistas Jaguar e Henfil, os jornalistas Tarso de Castro e Ziraldo, entre outros.

Em novembro de 1970, toda a redação do jornal foi presa depois da publicação de uma sátira do célebre quadro do Dom Pedro às margens do Rio Ipiranga. A publicação, que fazia muito sucesso, circulou até 11 de novembro de 1991.

Em 1969, Ziraldo lançou seu primeiro livro infantil "Flicts", que relata a história de uma cor que não encontrava seu lugar no mundo. Nesse livro, usou o máximo de cores e o mínimo de palavras. Nesse mesmo ano, recebeu o Prêmio Nobel Internacional do Humor, no 32º, no Salão Internacional de Caricaturas de Bruxelas.

Em 1980, Ziraldo lançou o livro "O Menino Maluquinho", um dos maiores fenômenos editoriais no Brasil. O Menino Maluquinho é uma criança que vive com uma panela na cabeça, é alegre, sapeca, cheio de imaginação e que adora aprontar e viver aventuras com os amigos.

Em 1981, o livro recebeu o "Prêmio Jabuti da Câmara Brasileira do Livro". Em 1989, começou a publicação da revista e das tirinhas em quadrinhos do personagem. A obra serviu de inspiração para adaptações no teatro, na televisão, nos quadrinhos, em *videogames* e no cinema.

As obras de Ziraldo já foram traduzidas para diversos idiomas e publicadas em revistas conhecidas internacionalmente, como a inglesa "Private Eye", a francesa "Plexus" e a americana "Mad". Em 2004, Ziraldo ganhou, com o livro "Flicts", o "Prêmio Internacional Hans Christian Andersen". Em 2008, recebeu o VI Prêmio Ibero Americano de Humor Gráfico Quevedos.

Em 2009, foi lançado o livro "Ziraldo em Cartaz", que reúne cerca de 300 ilustrações para peças elaboradas pelo cartunista. Em 2016, Ziraldo recebeu a Medalha de Honra da Universidade Federal de Minas Gerais.

Disponível em: http://www.educacional.com.br/ziraldo/biografia/bio.asp.
Acesso em: 9 jun. 2020.

TEXTO 2

Ziraldo Alves Pinto nasceu no dia 24 de outubro de 1932, em Caratinga, Minas Gerais. Começou sua carreira nos anos 50 em jornais e revistas de expressão, como *Jornal do Brasil*, *O Cruzeiro*, *Folha de Minas* etc. Além de pintor, é cartazista, jornalista, teatrólogo, chargista, caricaturista e escritor.

A fama começou a vir nos anos 60, com o lançamento da primeira revista em quadrinhos brasileira feita por um só autor: *A Turma do Pererê*. Durante a Ditadura Militar (1964-1984) fundou com outros humoristas *O Pasquim* – um jornal não conformista que fez escola, e até hoje nos deixa saudades. Seus quadrinhos para adultos, especialmente *The Supermãe* e *Mineirinho – o Comequieto*, também contam com uma legião de admiradores.

Em 1969 Ziraldo publicou o seu primeiro livro infantil, *Flicts*, que conquistou fãs em todo o mundo. A partir de 1979 concentrou-se na produção de livros para crianças, e em 1980 lançou *O Menino Maluquinho*, um dos maiores fenômenos editoriais no Brasil de todos os tempos. O livro já foi adaptado com grande sucesso para teatro, quadrinhos, ópera infantil, *videogame*, internet e cinema. Uma sequência do filme deve ser lançada em breve!

Os trabalhos de Ziraldo já foram traduzidos para diversos idiomas, como inglês, espanhol, alemão, francês, italiano e basco, e representam o talento e o humor brasileiros no mundo. Estão até expostos em museu! Ziraldo ilustrou o primeiro livro infantil brasileiro com versão integral *on-line*, em uma iniciativa pioneira.

Disponível em: https://www.ebiografia.com/ziraldo/. Acesso em: 9 jun. 2020.

TEXTO 3

1932 – Nasce Ziraldo Alves Pinto em Caratinga, Minas Gerais, em 24 de outubro.
1939 – Lança seu primeiro desenho, no jornal *A Folha de Minas*.
1949 – Colabora para a revista carioca *Vida Infantil* e publica seu primeiro cartum, na revista *A Cigarra*, do Rio de Janeiro.
1957 – Forma-se em Direito pela UFMG. Começa a escrever para a revista *O Cruzeiro* e muda-se para o Rio de Janeiro.
1958 – Trabalha na edição internacional, em espanhol, da revista *O Cruzeiro* e, depois, também na edição nacional.
1960 – Cria o personagem Pererê e publica suas histórias nas páginas de *O Cruzeiro*; lança *A turma do Pererê*, a primeira revista em quadrinhos feita por um só autor no Brasil, além de ser a primeira totalmente em cores.
1963 – Inicia seus trabalhos no *Jornal do Brasil*. Faz uma exposição individual na galeria Santa Rosa, no Rio de Janeiro.
1963 – Inicia seus trabalhos no *Jornal do Brasil*.
1969 – Recebe o Oscar Internacional de Humor no 32º Salão Internacional de Caricaturas de Bruxelas, Bélgica. Em 26 de junho, sai o primeiro número de *O Pasquim*. Publica *Flicts*, seu primeiro livro infantil, e o livro de humor *Jeremias, o Bom*. É convidado a executar o cartaz mundial do Fundo das Nações Unidas para a Infância – Unicef.
1979 – Ilustra o livro *Chapeuzinho Amarelo*, de Chico Buarque (1944).
1980 – Lança *O Menino Maluquinho*, seu maior sucesso editorial, que seria mais tarde adaptado para a televisão e o cinema.
1989 – Inicia a publicação da revista *O Menino Maluquinho*. Ilustra o *Dicionário Aurélio Infantil*, de Aurélio Buarque de Hollanda (1910-1989).
1991 – Em 11 de novembro é editado o número 1.072 de *O Pasquim*, a última edição do jornal.
1994 – A Empresa Brasileira de Correios e Telégrafos imprime os personagens Menino Maluquinho, Bichinho da Maçã, Saci Pererê e A Turma do Pererê nos selos comemorativos de Natal.
1999 – Lança a revista *Bundas*, uma bem-humorada versão da revista *Caras*, em que o lema é "Quem mostra a bunda em Caras não mostrará a cara em Bundas".
2000 – Cria, em Brasília, o parque temático Ziramundo.
2003 – Recebe o Prêmio de Literatura Infantil da Academia Brasileira de Letras – ABL.
2004 – *O Pasquim 21* deixa de circular. Ziraldo recebe o Prêmio Hans Christian Andersen.
2006 – A série televisiva "Um menino muito maluquinho", baseada no livro do autor, começa a ser exibida diariamente na TVE Brasil.
2007 – Ilustra o livro *Os Saltimbancos*, do escritor Chico Buarque (1944).

Adaptado de: http://www.educacional.com.br/ziraldo/biografia/detalhada.asp. Acesso em: 23 jun. 2020.

Estudo do texto

Você conheceu três maneiras diferentes de apresentar um texto biográfico.

- O texto 1 relata, com mais riqueza de detalhes, numa sequência temporal, os principais fatos da vida do biografado. É uma **biografia analítica**.

- O texto 2 apresenta os principais fatos da vida da pessoa (data e local de nascimento, principais atividades profissionais e algumas obras publicadas ou realizadas). É uma **biografia sintética**.

- O texto 3 ordena os fatos mais importantes e significativos da vida da pessoa numa sequência cronológica, especificando o ano em que aconteceram. É uma **biografia cronológica**.

Na biografia, o autor emprega sempre a **3ª pessoa**:

> "Ziraldo Alves Pinto **nasceu** no dia 24 de outubro de 1932, em Caratinga, Minas Gerais. **Começou** sua carreira nos anos 50 em jornais e revistas de expressão, como *Jornal do Brasil*, *O Cruzeiro*, *Folha de Minas* etc. Além de pintor, é cartazista, jornalista, teatrólogo, chargista, caricaturista e escritor."

- Discuta com os colegas o contexto em que normalmente pode ser encontrado cada um desses tipos de biografia.

Produção de textos

Escolha um(a) amigo(a), um familiar ou uma figura pública e escreva a biografia dessa pessoa, de forma sintética, analítica e cronológica.

Antes de começar a escrever a biografia, você deverá fazer uma pesquisa, ou, se possível, poderá entrevistar a pessoa. Anote dados sobre a vida dela, suas atividades profissionais ou sociais. Para essa seleção de dados, você pode se basear no roteiro a seguir.

Sugestão de roteiro

1. **Dados pessoais:** nome completo; local e data de nascimento; nome dos pais.
2. **Residência:** onde e com quem mora.
3. **Infância:** onde passou; brinquedos e brincadeiras preferidos.
4. **Escola:** onde estudou; disciplina de que mais gostava e a de que gostava menos.
5. **Convivência:** amigos e diversão.
6. **Atividades** e/ou **profissão**.
7. **Sonhos**.
8. **Opiniões:** o que pensa a respeito de alguns assuntos.

Ficha 2

BIOGRAFIA

Autor(a): _____ Data: ___/___/___

Planejamento

Com base no roteiro da página anterior, anote dados sobre a vida da pessoa que será biografada.

Nome: _____

Data e local de nascimento: _____

Residência: _____

Infância: _____

Vida escolar: _____

_____

Atividades e/ou profissão: _____

_____

_____

Sonhos: _____

_____

_____

_____

Escrita

Depois de organizar os principais dados sobre a vida da pessoa, escreva, nas linhas a seguir, a biografia.

Oficina de escritores • 9º ano • Projeto A: Páginas da vida

Escrita

Revisão

Nesta etapa, você fará a revisão do seu texto com base nos itens do **Roteiro de revisão**. Releia-o como se estivesse lendo o texto de um colega.

Não tenha medo de substituir, retirar ou acrescentar palavras.

Às vezes, uma frase pode estar muito longa. Transforme-a em frases mais curtas.

Outras vezes, há passagens meio confusas. Dê nova redação à frase.

Após essa revisão cuidadosa, reescreva o texto já modificado nas páginas a seguir.

Roteiro de revisão	Avaliação do autor		Avaliação do leitor	
	SIM	NÃO	SIM	NÃO
Gênero textual				
1. São apresentados os principais fatos da vida do biografado?				
2. O texto é escrito em 3ª pessoa?				
Coerência				
1. Os fatos relatados no texto estão dispostos em uma sequência temporal e cronológica?				
Coesão				
1. As frases estão construídas com clareza e com vocabulário adequado?				
2. A linguagem está adequada ao contexto?				
Adequação à norma-padrão				
1. O texto respeita: a) as convenções da escrita (ortografia e acentuação)? b) as normas gramaticais (pontuação, concordância, regência, colocação)?				
Edição do texto				
1. O texto apresenta: a) legibilidade? b) uniformidade de margens? c) ausência de rasuras?				

Comentários do leitor (colegas e/ou professor):

_____
_____
_____
_____
_____

Autor(a): _____

Oficina de escritores • 9º ano • Projeto A: Páginas da vida

Reescrita

Edição final

Prepare a edição de seu texto de acordo com o portador no qual você vai publicá-lo: livro, mural, jornal, internet. Ilustre-o com fotos ou desenhos.

3 AUTOBIOGRAFIA

Há várias maneiras de contar a história de vida das pessoas utilizando diferentes gêneros textuais. Você já viu que um desses gêneros é a biografia e, agora, vai conhecer mais um que também tem essa função: a **autobiografia**.

Vamos conhecê-la.

TEXTO 1

Maria

Nome: Maria. Do quê?

De nada, sem das Dores, sem de Lourdes, sem da Glória, sem da Luz, sem das Graças. Não sou Aparecida nem Teresa nem Antônia, só Maria.

Idade? Quinze, mas tenho vinte ou doze, dependendo da situação e das conveniências. Signo? Peixes – por isso sou sonhadora, poeta, nado de braçada nos sentimentos e me esborracho nas coisas práticas.

Já viu que sou chegadinha numas de mística, de cabala, olhar sorte, mapa astral e numerologia. Quero ser poeta; cantora, ganhar a vida com meu canto e o violão.

Se não der, vou cuidar de criancinhas ou de velhos desamparados.

Elias José. *Cantigas de adolescer*. São Paulo: Atual, 2009.

GeekClick/Shutterstock

Eu sou Malala

No dia em que nasci, as pessoas da nossa aldeia tiveram pena de minha mãe, e ninguém deu os parabéns a meu pai. Vim ao mundo durante a madrugada, quando a última estrela se apaga. Nós, pachtuns, consideramos esse um sinal auspicioso. Meu pai não tinha dinheiro para o hospital ou para uma parteira; então uma vizinha ajudou minha mãe. O primeiro bebê de meus pais foi natimorto, mas eu vim ao mundo chorando e dando pontapés. Nasci menina num lugar onde rifles são disparados em comemoração a um filho, ao passo que as filhas são escondidas atrás de cortinas, sendo seu papel na vida apenas fazer comida e procriar.

Para a maioria dos pachtuns, o dia em que nasce uma menina é considerado sombrio. O primo de meu pai, Jehan Sher Khan Yousafzai, foi um dos poucos a nos visitar para celebrar meu nascimento e até mesmo nos deu uma boa soma em dinheiro. Levou uma grande árvore genealógica que remontava até meu trisavô, e que mostrava apenas as linhas de descendência masculina. Meu pai, Ziauddin, é diferente da maior parte dos homens pachtuns. Pegou a árvore e riscou uma linha a partir de seu nome, no formato de um pirulito. Ao fim da linha escreveu "Malala". O primo riu, atônito. Meu pai não se importou. Disse que olhou nos meus olhos assim que nasci e se apaixonou. Comentou com as pessoas: "Sei que há algo diferente nessa criança". Também pediu aos amigos para jogar frutas secas, doces e moedas em meu berço, algo reservado somente aos meninos.

Meu nome foi escolhido em homenagem a Malalai de Maiwand, a maior heroína do Afeganistão. Os pachtuns são um povo orgulhoso, composto de muitas tribos, dividido entre o Paquistão e o Afeganistão. Vivemos como há séculos, seguindo um código chamado Pachtunwali, que nos obriga a oferecer hospitalidade a todos e segundo o qual o valor mais importante é nang, a honra. A pior coisa que pode acontecer a um pachtum é a desonra. A vergonha é algo terrível para um homem pachtum. Temos um ditado: "Sem honra, o mundo não vale nada". Lutamos e travamos tantas infindáveis disputas internas que nossa palavra para primo — tarbur — é a mesma que usamos para inimigo. Mas sempre nos unimos contra forasteiros que tentam conquistar nossas terras. Todas as crianças pachtuns crescem ouvindo a história de como Malalai inspirou o Exército afegão a derrotar o britânico na Segunda Guerra Anglo-Afegã, em 1880.

Malalai era filha de um pastor de Maiwand, pequena cidade de planícies empoeiradas a oeste de Kandahar. Quando tinha dezessete anos, seu pai e seu noivo se juntaram às forças que lutavam para pôr fim à ocupação britânica. Malalai foi para o campo de batalha com outras mulheres da aldeia, para cuidar dos feridos e levar-lhes água. Então viu que os afegãos estavam perdendo a luta e, quando o porta-bandeira caiu, ergueu no ar seu véu branco e marchou no campo, diante das tropas.

"Jovem amor!", cantou. "Se você não perecer na batalha de Maiwand, então, por Deus, alguém o está poupando como sinal de vergonha."

Malalai foi morta pelos britânicos, mas suas palavras e sua coragem inspiraram os homens a virar a batalha. Eles destruíram uma brigada inteira — uma das piores derrotas da história do Exército britânico. Os afegãos construíram no centro de Cabul um monumento à vitória de Maiwand. Mais tarde, ao ler alguns livros de Sherlock Holmes, ri ao ver que foi nessa batalha que o dr. Watson se feriu antes de se tornar parceiro do grande detetive. Malalai é a Joana d'Arc dos pachtuns. Muitas escolas de meninas no Afeganistão têm o nome dela. Mas meu avô, que era professor de teologia e imã da aldeia, não gostou que meu pai me desse esse nome. "É um nome triste", disse. "Significa luto, sofrimento."

Malala Yousafzai. *Eu sou Malala*: a história da garota que defendeu o direito à educação e foi baleada pelo Talibã. Disponível em: https://www.companhiadasletras.com.br/trechos/13536.pdf. Acesso em: 23 jun. 2020.

Mela_art/Shutterstock

Estudo do texto

Os textos 1 e 2 pertencem a um gênero textual denominado **autobiografia**. Neles, os autores relatam momentos significativos de suas vidas, comunicando ao leitor, por meio de fatos e sensações, suas visões do mundo e de si mesmos.

Em uma autobiografia, o autor emprega sempre a **1ª pessoa**.

1. Quais as diferenças entre a biografia e a autobiografia?

2. Você conhece outras autobiografias? Quais?

Produção de textos

Assim como os autores dos textos que você leu, escreva uma autobiografia.

Antes de começar a escrevê-la, anote e organize alguns dados a respeito de sua vida. Para isso, você pode escolher com o professor um dos roteiros a seguir.

Roteiro 1: Entrevista

Responda oralmente às seguintes perguntas, que serão feitas pelos colegas.

Quem sou eu?

1. Qual é o seu nome?
2. Quantos anos você tem?
3. Onde você mora?
4. Você tem irmãos? Quantos?
5. O que você mais gosta de fazer?
6. Às vezes, você fica triste? Quando?
7. Quem é seu melhor amigo? Sobre o que conversam?
8. Como é a casa onde você mora?
9. Como você gostaria que ela fosse?
10. Seu pai e sua mãe trabalham? Em quê?
11. Você conversa muito com seu pai e sua mãe? Sobre o que conversam?
12. Você e seus pais se divertem juntos? Como?
13. O que você acha do estudo? E da escola onde estuda?
14. Você brinca? Do que gosta de brincar?
15. Você é feliz? Quando fica alegre?
16. O que você gostaria de ter, mas não tem?
17. Se você pudesse, o que mudaria no mundo?

Roteiro 2: Pesquisa

1. Uma boa fonte de inspiração para escrever uma autobiografia é olhar álbuns de família. Observe com atenção suas primeiras fotografias e veja as mudanças que foram acontecendo em você. Observe alguns traços que não se modificaram ao longo dos anos.

2. Pesquise suas raízes, isto é, quem foram seus pais, avós e bisavós. Com base nesses dados, faça sua árvore genealógica. Relacione seus traços físicos com os de seus antepassados: com quem você se parece?

3. Selecione alguns dados importantes ou diferentes:

    a) local e data de nascimento;
    b) apelido;
    c) descrição da casa e da rua;
    d) lugar preferido;
    e) preferências (música, TV, esporte);
    f) amigos, escola, sonhos, medos;
    g) momentos de alegria ou tristeza, coisas de que gosta ou de que não gosta.

Para escrever a autobiografia, você pode utilizar os dados reunidos por meio da entrevista ou da pesquisa.

Ficha 3

AUTOBIOGRAFIA

Autor(a): _____ Data: ___/___/___

Planejamento

Pesquise, pense e anote os dados que você considera mais importantes a respeito de sua vida. Pense em quem você é, onde mora, com quem convive etc. Se preferir, desenhe.

_____
_____
_____
_____
_____
_____
_____
_____
_____
_____
_____
_____

Escrita

Após pensar e organizar alguns dados sobre sua vida, comece a escrever a autobiografia. Lembre-se de dar um título ao seu texto.

_____
_____
_____
_____
_____
_____
_____

Oficina de escritores • 9º ano • Projeto A: Páginas da vida

Revisão

Nesta etapa, você fará a revisão do seu texto com base nos itens do **Roteiro de revisão** abaixo. Releia-o como se estivesse lendo o texto de um colega.

Não tenha medo de substituir, retirar ou acrescentar palavras.

Às vezes, uma frase pode estar muito longa. Transforme-a em frases mais curtas.

Outras vezes, há passagens meio confusas. Dê nova redação à frase.

Após essa revisão cuidadosa, reescreva o texto na página a seguir.

Roteiro de revisão	Avaliação do autor		Avaliação do leitor	
	SIM	NÃO	SIM	NÃO
Gênero textual				
1. São apresentados aspectos da vida da pessoa que permitem ao leitor conhecê-la?				
2. A história é contada em 1ª pessoa?				
Coerência				
1. Os fatos relatados no texto estão dispostos em uma sequência lógica e interligados a uma ideia central?				
Coesão				
1. São empregados recursos linguísticos que dão continuidade ao texto?				
2. As frases estão construídas com clareza e com vocabulário adequado?				
3. A linguagem está adequada à personagem e ao contexto?				
Adequação à norma-padrão				
1. O texto respeita:				
a) as convenções da escrita (ortografia e acentuação)?				
b) as normas gramaticais (pontuação, concordância, regência, colocação)?				
Edição do texto				
1. O texto apresenta:				
a) legibilidade?				
b) uniformidade de margens?				
c) ausência de rasuras?				

Comentários do leitor (colegas e/ou professor):

_____
_____
_____
_____

Autor(a): _____

Reescrita

_____
_____
_____
_____
_____
_____
_____
_____
_____
_____
_____
_____
_____
_____
_____
_____
_____
_____
_____
_____
_____
_____
_____
_____

Edição final

Prepare a edição de seu texto de acordo com o suporte no qual você vai publicá-lo: livro, mural, jornal, internet. Ilustre-o com fotos ou **desenhos**.

4 DIÁRIO

Os **diários** são cadernos, geralmente pessoais e íntimos, onde seus autores fazem anotações, quase sempre diárias, sobre fatos e histórias que, de alguma forma, marcaram sua vida. São organizados com base na data de entrada das informações, ou seja, pelo dia da escrita.

"É um desabafo." (Catarina Rodrigues, 16 anos)

"É muito bom. Posso rever tudo por que passei." (Marcela Rapoli, 13 anos)

"Este ano comecei a escrever tudo o que sinto. Em dias em que tudo dá errado, queimo a beirada da página; em dias bons, colo adesivos e pinto com canetinhas." (Ana Carolina, 12 anos)

Essas são algumas opiniões sobre o **diário** – gênero textual que permite ao autor registrar momentos de sua vida.

- Você já leu algum livro escrito em forma de diário?
- Você já escreveu um diário?
- Qual é sua opinião sobre o diário?

TEXTO 1

Domingo, 14 de junho de 1942

Vou começar a partir do momento em que ganhei você, quando o vi na mesa, no meio dos meus outros presentes de aniversário. (Eu estava junto quando você foi comprado, e com isso eu não contava.)

Na sexta-feira, 12 de junho, acordei às seis horas, o que não é de espantar; afinal, era meu aniversário. Mas não me deixam levantar a essa hora; por isso, tive de controlar minha curiosidade até quinze para as sete. Quando não dava mais para esperar, fui até a sala de jantar, onde Moortje (a gata) me deu as boas-vindas, esfregando-se em minhas pernas.

Pouco depois das sete horas, fui ver papai e mamãe e, depois, fui à sala abrir meus presentes, e você foi o primeiro que vi, talvez um dos meus melhores presentes. Depois, em cima da mesa, havia um buquê de rosas, algumas peônias e um vaso de planta. De papai e mamãe ganhei uma blusa azul, um jogo, uma garrafa de suco de uva, que, na minha cabeça, deve ter gosto parecido com o do vinho (afinal de contas, o vinho é feito de uvas), um quebra-cabeça, um pote de creme para o corpo, 2,50 florins e um vale para dois livros. Também ganhei outro livro, *Camera obscura* (mas Margot já tem, por isso troquei o meu por outro), um prato de biscoitos caseiros (feitos por mim, claro, já que me tornei especialista em biscoitos), montes de doces e uma torta de morangos, de mamãe. E uma carta da vó, que chegou na hora certa, mas, claro, isso foi só uma coincidência.

Depois, Hanneli veio me pegar, e fomos para a escola. [...]

Anne Frank. *O diário de Anne Frank*. Rio de Janeiro: BestBolso, 2008. p. 13-14.

TEXTO 2

Marisa

Ontem saí com Marisa e ainda estou curtindo nosso encontro. O tempo voou. Se eu pudesse, aproveitava todos os minutos pra estar com ela, que a saudade já está batendo...

A gente se despediu uma porção de vezes, e nenhum dos dois tinha coragem de ir embora. No fim eu perguntei:

— Marisa, você gosta de mim, no duro mesmo?

— Claro que gosto, bobinho, você ainda não sabe que eu gosto?

— Então me promete que durante as férias vai sonhar sempre comigo, tá?

— Não sei, Marcos. Não posso prometer. Querer eu quero, mas o sonho vem sozinho, não é a gente que chama ele...

Pra consolar, me deu o maior beijo... E eu fui ficando com vontade de chorar. Disfarcei e fui saindo depressa pra não dar vexame...

Maria Alice do Nascimento e Silva Leuzinger. O diário de Marcos Vinicius.
Rio de Janeiro: Nova Fronteira, 1985.

Estudo do texto

1. Os textos 1 e 2 são narrados em 1ª ou 3ª pessoa?
2. Quem são os interlocutores dos textos 1 e 2?
3. Os relatos presentes nos diários apresentam os fatos de forma objetiva e impessoal? Explique e destaque um trecho de cada texto para comprovar sua resposta.

Nem sempre as coisas acontecem como se espera. Essa verdade pode provocar mudanças em seus sentimentos. Ora você fica triste, ora alegre, ora pensativo, ora revoltado ou nervoso...

Para que essas emoções, desejos, frustrações, enfim, tudo aquilo que se passa dentro de você, sejam sentidos e pensados com intensidade, um dos caminhos é registrar esses sentimentos, e o diário atende a esse objetivo.

No diário, são registrados os fatos que acontecem diariamente e, sobretudo, as sensações, impressões e opiniões a respeito deles.

Produção de textos

Propomos a você que escreva, ao longo de uma semana, um diário de sua vida. Fazer um diário não significa escrever tudo o que você fez em um dia, mas registrar fatos e/ou sentimentos significativos. Não é suficiente que você conte o que aconteceu, mas que relate principalmente o que pensou e sentiu.

Você também pode escrever um diário fazendo de conta que é uma personagem. Você pode ser um ascensorista, um mecânico, um médico, um motorista, uma secretária, um artista, um mendigo, um diretor de empresa, um professor etc. Pode ser ainda um animal ou um objeto qualquer. A personagem vai escrever uma página de diário para cada dia da semana, registrando suas impressões e contando o que de mais importante aconteceu com ela. Não revele quem é a personagem. Deixe que o leitor descubra sozinho, com as próprias informações do diário.

Ficha 4 — DIÁRIO

Autor(a): _____ Data: ___/___/___

Segunda-feira ___/___/___

Oficina de escritores • 9º ano • Projeto A: Páginas da vida

Terça-feira / /

Quarta-feira / /

Quinta-feira / /

Sexta-feira / /

Autor(a):

Oficina de escritores • 9º ano • Projeto A: Páginas da vida

Sábado / /

Domingo / /

5 BLOG

Você sabe o que é *blog*? Leia o texto a seguir.

TEXTO 1

Blog

O *blog*, ou *weblog*, é uma das ferramentas de comunicação mais populares da internet. A pessoa que administra o *blog* é chamada *blogueira(o)*. Uma das características dos *blogs* é a frequência de atualização. Alguns são atualizados diariamente, outros semanalmente, mensalmente e, em alguns casos, até várias vezes por dia. Cada atualização ou publicação no *blog* é chamada *post* (postagem).

Quando surgiram, os *blogs* tinham caráter puramente recreativo, eram usados como "diários virtuais", *on-line*, onde as pessoas, especialmente adolescentes e jovens, expunham suas ideias, narravam o que acontecia em sua vida. Com o tempo, os *blogs* foram se tornando espaço de disseminação de ideias e informações mais consistentes; pessoas conhecidas e empresas passaram a utilizá-los também.

Os *blogs* tornaram-se o "endereço virtual" de muitas pessoas e empresas e perdeu o *status* inicial de "diário", tornando-se, além de tudo, fonte de obtenção de informações, ferramenta de trabalho e auxílio de diversos profissionais, especialmente jornalistas, repórteres e professores. Além de publicar conteúdo pessoal, profissional, informativo e educativo, os *blogs* viraram também ferramenta de divulgação artística, possibilitando a publicação de material desenvolvido por artistas independentes, como poetas, desenhistas, escritores e fotógrafos, antes impossibilitados de mostrar seu trabalho.

Pessoas comuns ou famosas, empresas pequenas, médias ou grandes, todos compartilham da blogosfera, o mundo dos *blogs*. Nesse espaço, alguns blogueiros se destacam e ficam famosos, ganham dinheiro ou simplesmente externam suas ideias a quem quiser conhecê-las.

A característica mais marcante da blogosfera é interação entre os diversos espaços. Em cada *blog* existe uma lista com *link* (ligação) para outros *blogs* "indicados" pelo autor ou pelo próprio *blogger*. Quando o *blogger* gera essa lista automaticamente, são utilizados diversos critérios para um *blog* aparecer na lista, alguns dos mais comuns são mostrar os *blogs* mais visitados ou os mais recentemente atualizados.

Disponível em: https://www.infoescola.com/informatica/o-que-sao-blogs/.
Acesso em: 9 jun. 2020.

TEXTO 2

O que é *blog*?

Blog é um diário pessoal exibido ("postado") na internet que pode ser visto e lido por todas as pessoas que o visitarem.

Vc pode colocar muita coisa bacana em um *blog*.

Poemas. Histórias. Seus textos. Outros textos.

Notícias interessantes. Suas fotos.

Outras fotos. Charges. Desenhos.

Piadas. Receitas. Dicas. Músicas.

Até vídeos.

A maioria das pessoas utiliza os *blogs* como diários, porém um *blog* pode ter qualquer tipo de conteúdo e ser utilizado para diversos fins.

Até jornalistas escrevem *blogs* apresentando crônicas, desenhos, fotos...

Os *blogs* só com fotos são chamados de *fotoblogs* ou *fotologs*.

Quem escreve *blog* recebe o nome de *blogger*, ou "blogueiro".

Então, que tal começar a escrever o seu?

Vc só precisa de ideias na cabeça.

E um teclado à mão...

Blog do Sapo Frog

O *blog* de um sapo-cururu
Terça-feira, 28 de agosto

Quem sou eu

Sou um sapo-cururu de bem com a vida, poeta nas horas vagas, muito divertido (alguns dizem), namorador e amigão de todo mundo, dentro e fora do brejo.

Neste meu *blog*, falo do meu dia a dia, das amizades, dos passeios, das festas, dos namoros...

Passo também informações e curiosidades tiradas da internet. Sou ecológico por natureza, gosto de quase tudo o que é verde e colorido.

E também de coisas cheias de humor.

Que todos sejam muito bem-vindos ao meu *blog*: sapos, rãs, humanos e grilos... Todos, menos os crocodilos...

FOFOCA

Hoje acordei chateado. Fiquei sabendo por aí de uma fofoca que já deve estar pulando de brejo a brejo. E o pior de tudo é que a dita fofoca é sobre o sapo aqui, que escreve todos os dias este *blog* para vcs, caros amigos verdes, amarelos, marrons e multicoloridos.

Eu até que aceito uma fofoca, desde que ñ me coloquem no brejo junto com a vaca.

Entenderam a tentativa de piada?

Ñ?

Lembram da vaca?

Que vaca?

A vaca que foi pro brejo.

E eu sou o sapo que ñ sai de lá.

Mantendo as devidas proporções entre a vaca e o anfíbio aqui, eu sou o sapo que foi pra Bagdá.

Bombas, minas, entenderam?

Ñ aguento mais tudo isso na minha cabeça.

E o pior de tudo: bombas e minas explodindo em forma de mentiras.

Disseram que eu sou um sapo que ñ quer nada com nada.

Disseram que eu ñ ajudo os meus pais e que só quero saber de ficar namorando as sapas, as sapinhas e as saponas.

E disseram ainda que eu fico me balançando na rede com meu *laptop*, grudado na internet e tomando água de coco o dia todo.

Que calúnia!

Faz tempo que acabou a água de coco aqui em casa.

E se eu fico grudado na internet o dia todo e, às vezes, à noite também, é porque estou sempre ávido por notícias, informações, curiosidades...

Gosto também de pesquisar sobre diversos assuntos e trocar ideias e *e-mails* com a saparada.

Gosto de saber tudo o que anda acontecendo por este nosso mundão imundo lá fora.

Pra espantar a fofoca, fiz até um pequeno poema:

FOFOCA

ñ é coisa de sapo

ñ é coisa de pato

ñ é coisa de rato

FOFOCA É COISA DA FOCA

QUE SE ESCONDE DA MENTIRA

DENTRO DO SAPATO.

Depois de escrever um poema, sempre me sinto melhor.

O eu "Hoje acordei chateado" até já passou.

Então, acho que vou continuar lendo, escrevendo e pulando na internet.

Valeu.

ABS

E *BLOG BLOG BLOG...*

Postado pelo Sapo Frog às 8h15min

Almir Correia. *Blog do Sapo Frog*. 2. ed. São Paulo: Formato Editorial, 2009.

Estudo do texto

1. O texto "Blog do Sapo Frog" foi escrito por Almir Correia.

    a) Quem é o narrador do texto?

    b) Você considera a linguagem e a maneira de contar os fatos adequadas ao contexto e ao narrador?

2. Quais semelhanças e diferenças você percebe entre diário e *blog*?

Produção de textos

Propomos a você o planejamento e a escrita de uma página de um *blog*. Se você se animar, pode criar um *blog* e publicá-lo.

1. *Blog* pessoal. Neste *blog*, você poderá:

    a) contar momentos de sua vida;

    b) expressar suas emoções;

    c) relatar algo diferente que já fez;

    d) contar algo que aconteceu com você;

    e) narrar alguma coisa que viu ou descobriu;

    f) expor uma dúvida;

    g) emitir uma opinião;

    h) comentar um filme;

    i) sugerir um livro;

    j) fazer um comentário ou qualquer outra coisa que queira comunicar.

2. *Blog* fictício. Para este *blog*, você vai criar um pseudônimo e escrever como se fosse outra pessoa, do mesmo modo que fez o escritor Almir Correia ao criar o Sapo Frog.

    Selecione alguns trechos do *blog*. Escreva-os na Ficha 5.

    Esses trechos poderão fazer parte do livro que você e os colegas estão escrevendo. Também é possível reunir os textos de todos os alunos da turma e, com eles, montar um livro como o organizado por Ivan Lessa (Wunderblogs.com).

Ficha 5 — BLOG

Autor(a): _____ Data: ___/___/___

Planejamento

Antes de começar a escrever seu *blog*, defina:

- o tipo de *blog* (pessoal ou fictício);

_____
_____

- o objetivo e conteúdo do *blog*.

_____
_____
_____
_____
_____
_____
_____
_____
_____
_____
_____
_____
_____
_____
_____
_____
_____
_____
_____
_____

Oficina de escritores • 9º ano • Projeto A: Páginas da vida

Escrita

Página do *blog*

Revisão

O texto que você acabou de escrever será lido por seus leitores. Por isso, é importante que seja feita uma revisão cuidadosa de tudo o que escreveu. Revise o texto, com base nos itens do **Roteiro de revisão**, fazendo as alterações que julgar necessárias. Após essa revisão cuidadosa, reescreva-o na página a seguir.

Roteiro de revisão	Avaliação do autor		Avaliação do leitor	
	SIM	NÃO	SIM	NÃO
Gênero textual				
1. O texto comunica e compartilha alguma história, ideia, informação ou divulgação?				
Coerência				
1. O conteúdo apresentado está adequado ao objetivo do *blog*?				
Coesão				
1. As frases estão construídas com clareza e com vocabulário adequado?				
2. A linguagem está adequada ao contexto?				
Adequação à norma-padrão				
1. O texto respeita:				
a) as convenções da escrita (ortografia e acentuação)?				
b) as normas gramaticais (pontuação, concordância, regência, colocação)?				
Edição do texto				
1. O texto apresenta:				
a) legibilidade?				
b) uniformidade de margens?				
c) ausência de rasuras?				

Comentários do leitor (colegas e/ou professor):

_____
_____
_____
_____
_____
_____
_____
_____

Autor(a): _____

Reescrita

Edição final

Prepare a edição de seu texto de acordo com o suporte no qual você vai publicá-lo: livro, mural, revista, jornal, internet. Ilustre-o com fotos ou desenhos.

6 VLOG

Você sabe o que é *vlog*? Leia as informações a seguir.

TEXTO 1

Assim como os *blogs*, *vlogs* são ferramentas de comunicação pela internet. No entanto, o *vlog* faz uso de vídeos para compartilhar ideias sobre os mais diversos assuntos.

A popularização dessa ferramenta de comunicação pode ser explicada pela facilidade de colocar um conteúdo de vídeo no ar. Além disso, o fato de transmitir uma opinião ou um tutorial com o auxílio de imagens, gestos e expressões, ajudam muito a transmissão do conteúdo ao público.

Outro motivo pelo qual muitas pessoas estão criando *vlogs* é a rentabilidade que essa mídia pode gerar para o dono da página. Geralmente, eles são publicados no YouTube, que tem bilhões de visitantes em todo o mundo.

O *vlogger* de sucesso é aquele que consegue o engajamento dos usuários, gerando compartilhamentos e comentários na página. A busca pela atenção das pessoas na internet não é uma tarefa fácil, uma vez que elas têm o poder de mudar de canal com frequência.

Quais são as diferenças entre *blog*, *vlog* e *flog*?

A principal diferença do *vlog* em relação ao *blog* e o *flog* é em relação à mídia utilizada para compartilhar informações. Como vimos, o *vlog* compartilha informações por meio de vídeos. Nos *blogs*, os autores apresentam sua opinião por meio de textos. Já no *flog*, o conteúdo é publicado em formato de fotos.

Como produzir um *vlog*?

1. Defina o foco: escolha o tema do seu *vlog* e defina um assunto com o qual tenha mais familiaridade.

2. Faça um roteiro do vídeo, para não ter dificuldades no meio da fala e se perder durante a gravação. Consulte o que já existe sobre o assunto e inove.

3. Cumpra o que prometer ao público, seja em relação à periodicidade das postagens, seja em relação aos conteúdos. Esteja sempre atualizado sobre o assunto que pretende tratar.

Disponível em: https://rockcontent.com/blog/vlog/.
Acesso em: 13 jun. 2020. Adaptado.

Produção de textos

1. Defina qual será o tema do seu vídeo: cinema, TV, literatura, ciências, profissionais, política, moda, notícias, *games*, cultural, religião, educação, humor, musicais, esportes, tutoriais.

   _____
   _____

2. Defina o objetivo do vídeo: o que quer comunicar, para quem quer enviar a mensagem e qual a linguagem a ser utilizada.

   _____
   _____

3. Pesquise sobre o tema escolhido.

   _____
   _____
   _____
   _____
   _____

4. Organize o roteiro do vídeo: sequência dos tópicos que serão abordados, dados estatísticos importantes e informações que não podem deixar de ser mencionadas. É importante também planejar o cenário da gravação: neutro ou coerente com o assunto.

   _____
   _____
   _____
   _____
   _____
   _____

5. Grave e publique o programa. Consulte dicas de gravação e edição em https://www.techtudo.com.br/dicas-e-tutoriais/noticia/2013/06/como-publicar-um-video-no-youtube.html. Acesso em: 13 jun. 2020.

7 PERFIL

Em jornais e, sobretudo, em revistas podem ser encontrados textos que utilizam aspectos biográficos para mostrar ao público características, ideias, opiniões, projetos, comportamentos, gostos e traços de uma pessoa.

Esses dados – obtidos geralmente por meio de uma entrevista – formam o **perfil** do entrevistado.

Perfil

A caneta voava sobre o papel, preenchendo a ficha pedida pelo Serviço de Orientação Educacional, ou SOE, como costumavam dizer. A menina para um instante, pensativa, depois continua dando as informações pedidas.

Nome: Gisela Sontag
Idade: 13 anos
Série: 7ª
Aparência física: cabelos loiros encaracolados; olhos verde-esmeralda; alta e magra.
Preferências: investigar, descobrir a verdade. Colecionar catálogos e comprar livros por reembolso postal. Animais (Prisco, um cão pastor-alemão amestrado; Mitzi, uma gata angorá); barra de chocolate ao leite; sorvete de morango. Flores, principalmente rosas.
Antipatias: sopa, roupa de náilon (me dá coceira); grampinho no cabelo; gente chata.
Amigos: na escola: Suzana, Vanderlei, Berenice, Paulo, entre outros. Fora dela: muitos. Tenho facilidade para fazer amigos.
Outras informações: quero ser detetive. Gosto de estudar (História e Literatura, as preferidas); gosto de aprender coisas que vão ser úteis na minha futura profissão (detetive).

Gladis Stumpf Gonzales. *Gisela e o enigma da orquídea negra*.
Rio de Janeiro: Ediouro, 1977.

Estudo do texto

Perfil é um gênero textual que tem o objetivo de apresentar ao leitor as características principais de uma pessoa. Esse tipo de texto pode ser escrito de várias formas, de acordo com o suporte (jornal, revista, internet) e o contexto.

O perfil jornalístico, publicado em jornais e revistas, é considerado um texto biográfico curto, que narra fatos ou destaca traços marcantes da vida de uma pessoa. Nas redes sociais também podem ser encontrados exemplos desse gênero textual. Atualmente, é comum essas plataformas disporem de um espaço específico para as pessoas cadastrarem o perfil pessoal. Esses dados podem estar abertos a qualquer pessoa ou restritos a um número específico de usuários (de acordo com a configuração de privacidade escolhida). Nesse espaço, as pessoas costumam colocar nome e sobrenome, nome de familiares (com grau de parentesco), *hobbies*, filmes e cantores preferidos, lugares que visitaram, entre outras informações.

No texto que você leu, o perfil tem o objetivo de apresentar para a coordenação pedagógica da escola as principais características de uma aluna.

1. Pesquise em revistas ou nas redes sociais outros exemplos do gênero perfil.

Produção de textos

Escolha uma das propostas a seguir.

1. Uma nova rede social de trabalho solicita seu perfil, com informações que permitam conhecer você. Escreva-o.

2. Com base na pesquisa realizada anteriormente, escreva o perfil dessa pessoa.

Antes de escrever o texto, reúna informações sobre a pessoa. Se preferir, você poderá fazer uma rápida entrevista com ela. Prepare um roteiro sobre o que você quer saber sobre a vida dessa pessoa.

Sugestão de roteiro

1. **Dados pessoais:** nome, idade, signo, nacionalidade etc.
2. **Aparência física:** selecione as características físicas mais importantes que permitam ao leitor identificar a pessoa: altura, cor dos cabelos, dos olhos etc.
3. **Preferências:** especifique aquilo de que a pessoa mais gosta quanto ao lazer e à vida social e pessoal.
4. **Do que não gosta:** especifique aquilo de que a pessoa não gosta, dando preferência a algo bastante curioso, se houver.
5. **Sonhos:** mencione os maiores desejos dessa pessoa.
6. **Frustrações:** mencione coisas que deixam essa pessoa frustrada.
7. **Opinião:** solicite a opinião dela a respeito de alguns assuntos, como amor, violência, Brasil, televisão, drogas, desigualdade social etc.

Ficha 7 — PERFIL

Autor(a): _____ Data: ___/___/___

Planejamento

Pesquise, pense e anote os dados que você considera mais importantes a respeito da pessoa sobre quem vai escrever o perfil. Selecione aspectos que permitam ao leitor conhecê-la.

Dados pessoais: _____
_____

Preferências/de que não gosta: _____
_____
_____

Sonhos/frustrações: _____
_____
_____

Atividades/realizações: _____
_____
_____

Opinião: _____
_____
_____

Escrita

Escreva o perfil da pessoa, com base nos dados selecionados.

_____
_____
_____
_____
_____

Oficina de escritores • 9º ano • Projeto A: Páginas da vida

Revisão

O perfil que você acabou de escrever será lido por seus leitores. Por isso, é importante que seja feita uma revisão cuidadosa de tudo o que você escreveu. Revise o texto com base nos itens do **Roteiro de revisão**, fazendo as alterações que julgar necessárias. Elimine trechos sem importância. Acrescente ou substitua palavras ou frases, de modo que o texto se torne mais claro para o leitor. Após essa revisão cuidadosa, reescreva o texto na página a seguir.

Roteiro de revisão	Avaliação do autor		Avaliação do leitor	
	SIM	NÃO	SIM	NÃO
Gênero textual				
1. São apresentados características, gostos e/ou opinião da pessoa retratada?				
2. O texto permite conhecer as características (físicas e/ou psicológicas) da pessoa retratada?				
Coerência				
1. As características apresentadas permitem compor o perfil do retratado?				
Coesão				
1. As frases estão construídas com clareza e com vocabulário adequado?				
2. A linguagem está adequada ao contexto?				
Adequação à norma-padrão				
1. O texto respeita:				
a) as convenções da escrita (ortografia e acentuação)?				
b) as normas gramaticais (pontuação, concordância, regência, colocação)?				
Edição do texto				
1. O texto apresenta:				
a) legibilidade?				
b) uniformidade de margens?				
c) ausência de rasuras?				

Comentários do leitor (colegas e/ou professor):

_____
_____
_____
_____
_____
_____
_____

Autor(a): _____

Reescrita

Edição final

Prepare a edição de seu texto de acordo com o suporte no qual você vai publicá-lo: livro, mural, jornal, revista, internet. Ilustre-o com fotos ou desenhos.

PROJETO B

NO MUNDO DA FICÇÃO

Objetivo

Neste projeto, você e os colegas vão escrever e editar um livro de histórias, promover e participar de um concurso literário e publicar um livro com as histórias premiadas.

Estratégias

Para isso, vocês conhecerão: 1) os componentes de uma história: narrador; personagem; discursos direto e indireto; narração e descrição; conflito da personagem; enredo; 2) como organizar um concurso literário: texto, divulgação, inscrição, julgamento e premiação.

Encerramento

Este projeto será encerrado com dupla apresentação:
1. A premiação dos primeiros colocados no concurso promovido por vocês.
2. A publicação de um livro com as histórias selecionadas.
Pode-se criar um *blog* no qual serão publicadas todas as histórias inscritas no concurso.

1. Fato: matéria-prima da história
2. Foco narrativo
3. Ampliação dos fatos
4. Conflito da personagem
5. Enredo
6. Suspense

CONCURSO DE HISTÓRIAS

Ao final deste projeto, você e os colegas vão promover um concurso de histórias. A realização desse concurso exige preparação adequada. Sob a supervisão do professor, definam os critérios básicos que nortearão a realização do concurso.

1. **Nome** do concurso.
2. **Objetivo:** o que vocês pretendem com o concurso.
3. **Condições:** quem poderá participar e como deverá ser escrito o texto.
4. **Inscrição:** prazo e local de inscrição.
5. **Seleção:** como será feita a escolha das histórias.
6. **Premiação:** quais serão os prêmios para os primeiros colocados e onde ocorrerá a premiação.
7. **Divulgação:** como será divulgado o concurso. Vocês poderão utilizar cartazes, a internet, jornal, rádio, entre outros meios.

Depois que definirem todos esse itens, redijam o regulamento do concurso. Oferecemos a seguir o regulamento de um concurso de contos organizado pela Unicamp. Além dele, vocês poderão consultar outros regulamentos, com base nos quais escreverão o regulamento do concurso de histórias que vocês vão promover.

CONCURSO LITERÁRIO
20ª FEIRA INTERNACIONAL DO LIVRO DE RIBEIRÃO PRETO

Do Concurso
1. O Concurso Literário da 20ª Feira Internacional do Livro de Ribeirão Preto, criado pela Academia Ribeirãopretana de Letras (ARL), é uma realização da Fundação do Livro e Leitura de Ribeirão Preto, com o apoio da Academia de Letras e Artes de Ribeirão Preto, União dos Escritores Independentes, Casa do Poeta e do Escritor, União Brasileira dos Trovadores, Ordem dos Velhos Jornalistas e Proyecto Cultural SUR/Brasil.
2. Foi criada uma comissão responsável pela organização do Concurso.
3. O Concurso divide-se em duas categorias: **Estudantil Regional** (Escolas Públicas e/ou Privadas) e **Adulto**, que será realizado em âmbito nacional.
[...]

Da Categoria Estudantil Regional
4. A Categoria Estudantil Regional divide-se em 3 (três) modalidades: Desenho, Poema e Conto.
[...]

Da Modalidade Conto Estudantil
22. Poderão participar da Categoria Estudantil Regional, na modalidade Conto Estudantil, alunos matriculados nos municípios que compõem a Região Metropolitana de Ribeirão Preto, de 14 (catorze) a 17 (dezessete) anos.

23. O tema é "Escrever é orar sem perseguir a graça", frase do escritor Carlos Roberto Ferriani.
24. As obras devem ser inéditas, entendendo-se assim que os trabalhos inscritos não tenham sido publicados, sob qualquer forma, independente de sua finalidade.
25. A escola será responsável pela seleção dos 3 (três) melhores trabalhos, realizados em sala de aula e rigorosamente corrigidos.
26. O trabalho deve ter no máximo 3 (três) laudas, com 34 (trinta) linhas cada uma.
27. As inscrições serão feitas em duas etapas (*on-line*): preenchimento de um formulário disponibilizado no *site* da Fundação do Livro e Leitura de Ribeirão Preto (www.fundacaodolivroeleiturarp.com.br), na aba "Inscrições para o Concurso Literário" e envio de um arquivo PDF com o trabalho produzido.
28. Os trabalhos devem ser enviados pelo *site* da Fundação do Livro e Leitura de Ribeirão Preto, digitados com as seguintes especificações: Fonte Arial, tamanho 12, espaço 1,5, folha A4, contendo apenas o título, o pseudônimo e o texto.
29. Os trabalhos deverão ser enviados ao seguinte site da Fundação do Livro e Leitura de Ribeirão Preto: www.fundacaodolivroeleiturarp.com.
[...]

Das Inscrições
40. As inscrições deverão ser feitas no período de 09/03/2020 a 31/05/2020.
41. O material recebido que não obedecer às regras estabelecidas no presente regulamento será automaticamente desclassificado.
42. Cada participante poderá inscrever-se apenas com um trabalho.
43. Não poderão inscrever-se neste Concurso pessoas direta ou indiretamente ligadas à organização do Concurso Literário 20ª Feira Internacional do Livro.

Do Julgamento
44. O julgamento será realizado por profissionais escolhidos pela Comissão Organizadora.
45. O resultado será divulgado no site: www.fundacaodolivroeleiturarp.com e meios de comunicação em geral, em data informada previamente pela organização.
46. Não haverá cessão dos trabalhos, ou seja, os direitos sobre o conteúdo dos mesmos continuarão com seus respectivos autores.

Da Premiação
47. Serão premiados os três primeiros colocados de cada modalidade.
48. A cerimônia será realizada durante a 20ª Feira Internacional do Livro de Ribeirão Preto, data a definir.

Disposições Gerais
49. Os casos omissos serão resolvidos pela Comissão Organizadora, cujas decisões são soberanas e irrecorríveis.
[...]

Disponível em: https://fundacaodolivroeleiturarp.files.wordpress.com/2020/06/regulamento-prc3aamio-literc3a1rio_20fil-4.pdf. Acesso em: 4 jul. 2020.

1 FATO: MATÉRIA-PRIMA DA HISTÓRIA

> "[...] e é claro que a história é verdadeira embora inventada [...]"
> Clarice Lispector. *A hora da estrela*. Rio de Janeiro: Rocco, 1998.

Você vai aprender:
- que o homem sempre foi apaixonado por qualquer tipo de história;
- que o fato é a base para a elaboração de uma história;
- a identificar o fato em uma história;
- a escrever uma história com base num fato.

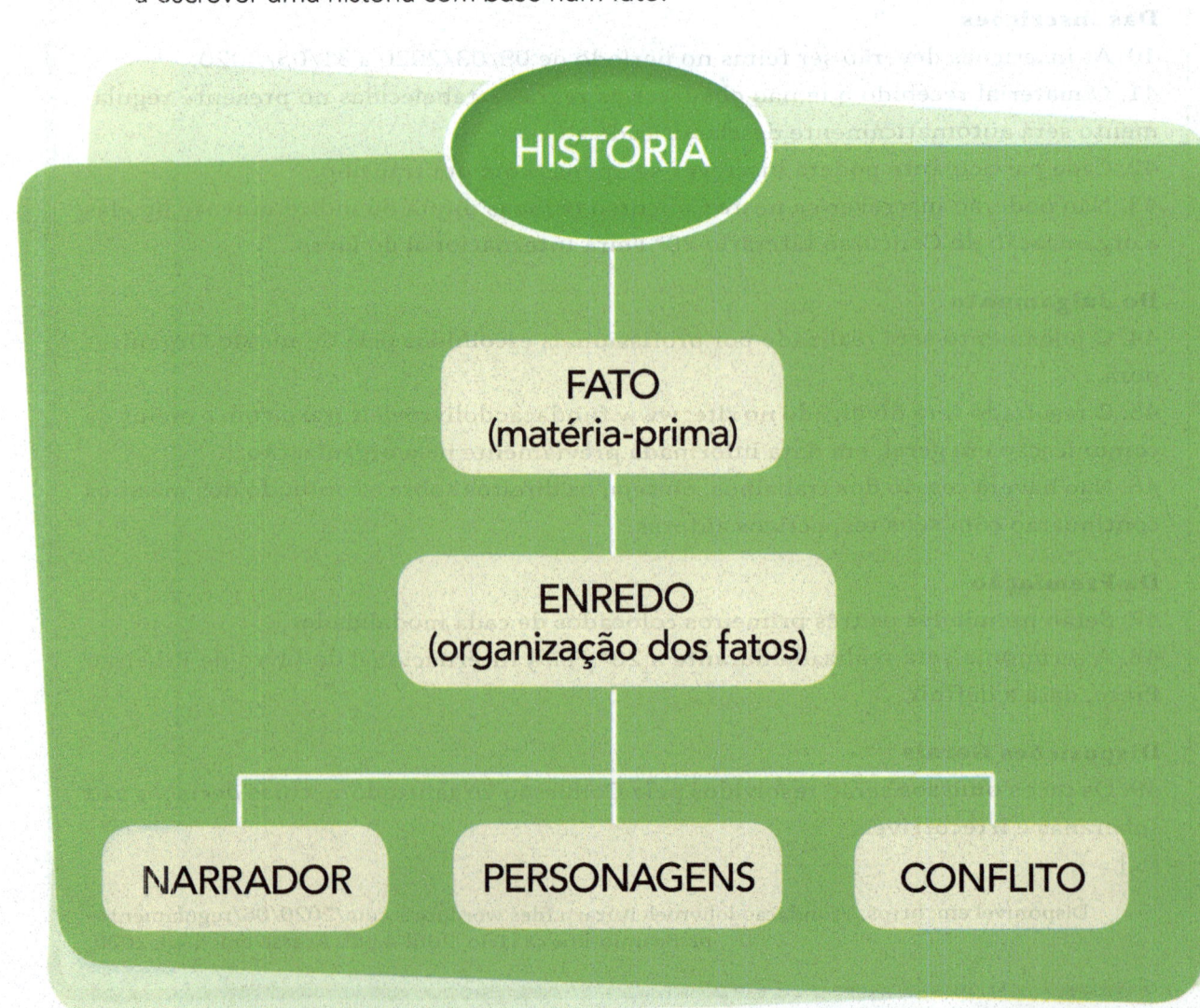

```
                    HISTÓRIA
                       │
                      FATO
                 (matéria-prima)
                       │
                    ENREDO
              (organização dos fatos)
                  ┌────┼────┐
            NARRADOR  PERSONAGENS  CONFLITO
```

A narrativa – contar e ouvir histórias – é, com certeza, uma necessidade e um prazer para cada um de nós. Gostamos de assistir a um filme, a uma novela, a uma peça de teatro, de ouvir uma piada, de ler uma história em quadrinhos, um conto ou um romance... Por quê? Porque cada um desses textos, com sua linguagem própria, sempre nos conta uma história.

O ser humano sempre foi apaixonado pela narrativa. Ela está presente em todos os tempos, em todos os lugares, em todas as sociedades — começa com a própria história da humanidade. Com lendas e mitos transmitidos oralmente, o ser humano já deixava registrada sua leitura do mundo. E, com base em fatos reais, foi inventando suas histórias, chamadas ficção.

Vários motivos podem ser apontados para explicar nosso interesse particular por histórias. Em primeiro lugar, o fato de nossa própria vida constituir uma história: uma sucessão de acontecimentos e emoções. Outro motivo que talvez explique essa paixão é a projeção de nossas ansiedades e angústias nas personagens. Uma história mostra, geralmente, conflitos humanos compartilhados por diferentes pessoas. No contato com uma história, podemos, muitas vezes, entender nossa própria história ou fragmentos dela. Por fim, a história também alimenta a imaginação humana: na vida real, os fatos se sucedem rotineiramente; na história, ao contrário, tudo é possível, não existem barreiras entre fantasia e realidade.

Ao compor suas obras de ficção, o ser humano recria, de certa forma, a própria realidade, construindo sentidos às mais variadas experiências.

Festa acabada

O Jango Jorge foi maioral nesses estropícios. Desde moço. Até a hora da morte. Eu vi.

Como disse, na madrugada, véspera do casamento, o Jango Jorge saiu para ir buscar o enxoval da filha.

Passou o dia; passou a noite.

No outro dia, que era o do casamento, até de tarde, nada.

Havia na casa uma gentama[1] convidada; da vila, vizinhos, os padrinhos, autoridades, moçada. Havia de se dançar três dias!... Corria o amargo e copinhos de licor de butiá.

Roncavam cordeonas no fogão, violas na ramada, uma caixa de música na sala.

Quase ao entrar do sol a mesa estava posta, vergando ao peso dos pratos enfeitados.

A dona da casa, por certo traquejada nessas bolandinas[2] do marido, estava sossegada, ao menos ao parecer.

Às vezes mandava um dos filhos ver se o pai aparecia, na volta da estrada, encoberta por uma restinga fechada de arvoredo.

Surgiu dum quarto o noivo, todo no trinque, de colarinho duro e casaco de rabo. Houve caçoadas, ditérios[3], elogios.

Só faltava a noiva; mas essa não podia aparecer, por falta do seu vestido branco, dos seus sapatos brancos, do seu véu branco, das suas flores de laranjeira, que o pai fora buscar e ainda não trouxera.

As moças riam-se; as senhoras velhas cochichavam.

Entardeceu.

Nisto correu voz que a noiva estava chorando: fizemos uma algazarra e ela tão boazinha! – veio à porta do quarto, bem penteada, ainda num vestidinho de chita de andar em casa, e pôs-se a rir pra nós, pra mostrar que estava contente.

A rir, sim, rindo na boca, mas também a chorar lágrimas grandes, que rolavam devagar dos olhos pestanudos...

E rindo e chorando estava, sem saber por quê... sem saber por que rindo e chorando, quando alguém gritou do terreiro: — Aí vem o Jango Jorge, com mais gente!...

Foi um vozerio geral; a moça porém, ficou, como estava, no quadro da porta, rindo e chorando, cada vez menos sem saber por quê... pois o pai estava chegando e o seu vestido branco, o seu véu, as suas flores de noiva...

Era já fusco-fusco[4]. Pegaram a acender as luzes. E nesse mesmo tempo parava no terreiro a comitiva; mas num silêncio, tudo.

E o mesmo silêncio foi fechando todas as bocas e abrindo todos os olhos.

Então vimos os da comitiva descerem de um cavalo o corpo entregue de um homem, ainda de pala enfiado...

Ninguém perguntou nada, ninguém informou de nada; todos entenderam tudo...; que a festa estava acabada e a tristeza começada...

Levou-se o corpo pra sala da mesa, para o sofá enjeitado, que ia ser o trono dos noivos. Então um dos chegados disse:

— A guarda nos deu em cima... tomou os cargueiros... E mataram o capitão, porque ele avançou sozinho pra mula ponteira e suspendeu um pacote que vinha solto... e ainda o amarrou no corpo... Aí foi que o crivaram de balas... parado... Os ordinários!... Tivemos que brigar, pra tomar o corpo!

A sia dona[5] mãe da noiva levantou o balandrau[6] do Jango Jorge e desamarrou o embrulho; e abriu-o.

Era o vestido branco da filha, os sapatos brancos, o véu branco, as flores de laranjeira... Tudo numa plastada de sangue... tudo manchado de vermelho, toda a alvura daquelas cousas bonitas como que bordada de cobrado, num padrão esquisito, de feitios estrambólicos[7]... como flores de cardo[8] solferim[9] esmagadas a casco de bagual[10]!...

Então rompeu o choro na casa toda.

Simões Lopes Neto. *Contos gauchescos e lendas do Sul*.
Porto Alegre: L&PM, 2012.

Comentários
Nesse texto estão presentes muitos regionalismos do Rio Grande do Sul. Seu autor, João Simões Lopes Neto (1865-1916), retratou em suas obras a história do gaúcho e suas tradições.
1 Significa grande número de pessoas, gentarada.
2 Agitação, azáfama, atrapalhação.
3 Falatório, mexerico, fuxico.
4 Crepúsculo, o anoitecer, o mesmo que lusco-fusco.
5 Forma de tratamento com que os escravos designavam a senhora ou patroa; siá, sá, sinha, sinhara.
6 Veste de gaúcho: poncho leve, geralmente confeccionado de brim, vicunha ou seda, com as extremidades arredondadas e guarnecidas de franjas.
7 Diferente em todos os sentidos; excêntrico.
8 Nome de uma planta.
9 Cor escarlate vivo.
10 Cavalo selvagem.

Estudo do texto

Uma história (conto, romance, filme, telenovela etc.) apresenta dois elementos principais:

1º) **fatos** – sequência dos acontecimentos;

2º) **enredo** – organização dos fatos.

O fato constitui a matéria-prima de uma história. E está mais diretamente relacionado ao que acontece ou pode acontecer na vida real. O enredo, por sua vez, é a maneira como o narrador organiza, relata e amplia os fatos, criando uma nova realidade.

Se o autor, ao compor um texto narrativo, restringir-se somente aos fatos, fará apenas um relato. Como seria esse relato? Onde podemos encontrar esse tipo de texto?

O texto de João Simões Lopes Neto baseia-se em fatos que adquirem vida e despertam o interesse do leitor por terem sido organizados e relatados de forma original. Para isso, o autor utilizou alguns procedimentos.

1. seleção dos fatos;
2. criação das personagens;
3. criação do conflito;
4. escolha do foco narrativo;
5. organização dos fatos.

Produção de textos

1. Vimos que o fato – matéria-prima de uma história – está relacionado ao que acontece ou pode acontecer na realidade. Há textos que têm o objetivo de relatar (uma notícia, uma reportagem...) ou registrar um fato (um boletim de ocorrência, uma ata...).

   Imagine que você é redator de um jornal. Com base nos fatos do texto "Festa acabada", escreva uma notícia informando a seus leitores o que aconteceu.

   Lembre-se de que uma notícia deve informar:

   a) O que aconteceu?
   b) Quem participou dos fatos?
   c) Quando aconteceram?
   d) Onde aconteceram?
   e) Por que aconteceram?

   Você pode usar uma linguagem mais formal ou mais sensacionalista ao escrever a notícia. Lembre-se também de que o título é parte fundamental da notícia: além de resumir o fato, deve antecipar o conteúdo dela, criando expectativa no leitor. Escreva a notícia no caderno.

2. Muitos fatos acontecem todos os dias. Alguns tornam-se públicos por meio da mídia (jornal, rádio, televisão, internet), outros permanecem no anonimato. O escritor pode buscar nesses fatos a base para criar suas histórias.

   Propomos a você que crie uma história com base numa notícia publicada no jornal. Escreva-a de acordo com as orientações da ficha a seguir.

   Veja uma sugestão de relato:

   > Na madrugada, véspera do casamento, Jango Jorge saiu para ir buscar o enxoval da filha. O ambiente da casa da noiva, repleto de convidados, era festivo.
   >
   > A noiva estava tensa com a demora do pai. Até a tarde do dia do casamento, Jango Jorge ainda não havia chegado.
   >
   > Os convidados ficaram eufóricos com o aviso da chegada de Jango Jorge, menos a noiva, que aos poucos calou o riso e o choro. A comitiva parou no terreiro, e desceram de um cavalo o corpo de Jango Jorge.
   >
   > O corpo foi levado para a sala, e um homem da comitiva disse que a guarda matara o capitão. A mãe da noiva encontrou embaixo do balandrau de Jango Jorge o vestido, os sapatos e as flores de laranjeira sujos de sangue.

Ficha 1 — FATO: MATÉRIA-PRIMA DA HISTÓRIA

Autor(a): _____ Data: ___/___/___

Planejamento

Com base nos dados da notícia selecionada, defina o tempo e o lugar dos acontecimentos, o narrador, as personagens e o conflito vivido por elas.

A. Notícia: resumo dos fatos

_____
_____
_____
_____
_____
_____
_____
_____
_____

B. História

1. Narrador: quem vai contar a história

_____
_____

2. Personagens: nome e principais características

_____
_____
_____
_____
_____

3. Lugar: onde se passa a história

_____
_____

4. Conflito: problema vivido pela personagem principal

_____
_____

Oficina de escritores • 9º ano • Projeto B: No mundo da ficção

Escrita

Os fatos de uma história só adquirem vida por meio da personagem, que pode ser um ser animado ou inanimado. É em torno dela que tudo acontece. Por isso, ao escrever sua história, acompanhe a personagem de várias perspectivas: ações, falas, características, sentimentos, pensamentos, revelando aos poucos, para o leitor, o que acontece com ela.

Revisão

Todo leitor utiliza recursos individuais variados para revisar e reescrever o próprio texto. Aos poucos você, na prática da escrita, poderá descobrir e utilizar esses recursos. Ler para si mesmo o texto em voz alta é um deles. A leitura oral pode ajudá-lo a perceber melhor a sequência das frases e a escolher a palavra mais adequada.

Roteiro de revisão	Avaliação do autor		Avaliação do leitor	
	SIM	NÃO	SIM	NÃO
Gênero textual				
1. O texto organiza os fatos de acordo com o conflito vivido pelas personagens?				
2. O texto apresenta elementos próprios do discurso narrativo?				
Coerência				
1. Há relação lógica entre os fatos apresentados no texto?				
2. Há relação lógica entre os fatos e o conflito vivido pela personagem principal?				
Coesão				
1. Emprega recursos linguísticos que dão continuidade ao texto?				
2. Constrói frases claras e com vocabulário adequado?				
Adequação à norma-padrão				
1. O texto respeita:				
a) as convenções da escrita (ortografia e acentuação)?				
b) as normas gramaticais (pontuação, concordância, regência, colocação)?				
Edição do texto				
1. O texto apresenta:				
a) legibilidade?				
b) uniformidade de margens?				
c) ausência de rasuras?				

Comentários do leitor (professor ou colega):

_____
_____
_____
_____
_____
_____
_____
_____

Autor(a): _____

Oficina de escritores • 9º ano • Projeto B: No mundo da ficção

Reescrita

Edição final

Prepare a edição de seu texto para ser publicado no livro de histórias. Se houver possibilidade, digite-o em um processador de textos e ilustre-o.

2 FOCO NARRATIVO

Você vai aprender:
- que há diferenças significativas entre autor e narrador;
- a identificar as posições que um narrador pode assumir ao contar uma história;
- que, de acordo com a posição do narrador, pode mudar o significado da história;
- a inventar, com base nos mesmos fatos, outra história, mudando o foco narrativo.

Embora todas essas fotos mostrem um rio, em cada uma delas você vê aspectos diferentes dele. Por quê? Cada foto mostra o rio de um ângulo: 1 – distante; 2 e 3 – lateral; 4 – interno.

Os fatos também assumem significados diferentes, dependendo da posição que o narrador assume ao contá-los. A esta posição denomina-se **foco narrativo**. Vamos ver como isso acontece nos textos a seguir.

Projeto B • No mundo da ficção 67

Lucíola

[...]

Fora no dia da minha chegada. Jantara com um companheiro de viagem, e ávidos ambos de conhecer a corte, saímos de braço dado a percorrer a cidade. Íamos, se não me engano, pela Rua das Mangueiras, quando, voltando-nos, vimos um carro elegante que levavam a trote largo dois fogosos cavalos. Uma encantadora menina, sentada ao lado de uma senhora idosa, se recostava preguiçosamente sobre o macio estofo, e deixava pender pela cobertura derreada do carro a mão pequena que brincava com um leque de penas escarlates. Havia nessa atitude cheia de abandono muita graça; mas graça simples, correta e harmoniosa; não desgarro com ares altivos, decididos, que afetam certas mulheres à moda.

No momento em que passava o carro diante de nós, vendo o perfil suave e delicado que iluminava a aurora de um sorriso raiando apenas no lábio mimoso, e a fronte límpida que à sombra dos cabelos negros brilhava de viço e juventude, não me pude conter de admiração.

Acabava de desembarcar; durante dez dias de viagem tinha-me saturado da poesia do mar, que vive de espuma, de nuvens e de estrelas; povoara a solidão profunda do oceano, naquelas compridas noites veladas ao relento, de sonhos dourados e risonhas esperanças; sentia enfim a sede da vida em flor que desabrocha aos toques de uma imaginação de vinte anos, sob o céu azul da corte.

Recebi, pois, essa primeira impressão com verdadeiro entusiasmo, e a minha voz habituada às fortes vibrações nas conversas à tolda do vapor, quando zunia pelas enxárcias a fresca viração, minha voz excedeu-se:

Que linda menina! exclamei para meu companheiro, que também admirava. Como deve ser pura a alma que mora naquele rosto mimoso!

Um embaraço imprevisto, causado por duas gôndolas, tinha feito parar o carro. A moça ouvia-me; voltou ligeiramente a cabeça para olhar-me, e sorriu. Qual é a mulher bonita que não sorri a um elogio espontâneo e a um grito ingênuo de admiração? Se não sorri nos lábios, sorri no coração.

Durante que se desimpedia o caminho, tínhamos parado para melhor admirá-la; e então ainda mais notei a serenidade de seu olhar que nos procurava com ingênua curiosidade, sem provocação e sem vaidade. O carro partiu; porém tão de repente e com tal ímpeto dos cavalos por algum tempo sofreados, que a moça assustou-se e deixou cair o leque. Apressei-me, e tive o prazer de o restituir inteiro.

Na ocasião de entregar o leque apertei-lhe a ponta dos dedos presos na lava de pelica. Bem vê que tive razão assegurando-lhe que não sou tímido. A minha afoiteza a fez corar; agradeceu-me com um segundo sorriso e uma ligeira inclinação da cabeça; mas o sorriso desta vez foi tão melancólico, que me fez dizer ao meu companheiro:

Esta moça não é feliz!

Não sei; mas o homem a quem ela amar deve ser bem feliz!

[...]

José de Alencar. *Lucíola*. Disponível em: http://www.dominiopublico.gov.br/download/texto/bn000035.pdf. Acesso em: 3 jul. 2020.

TEXTO 2

O mendigo e o dono do restaurante

Reza a lenda que certo dia um velho mendigo, tão pobre que mal tinha o que comer, ficou muito feliz por ganhar um pão.

Um simples pão para ele significava uma refeição, significava que teria com o que encher o estômago por mais um dia.

Feliz com seu pão, ele teve uma ideia. Iria procurar algo para colocar em seu pão e melhorar ainda mais sua refeição. Assim ele foi até um restaurante próximo e, com toda a educação, se pôs a pedir uma porção de carne.

Os garçons e cozinheiros se negaram a dar-lhe o que pedia, alegando que o dono do restaurante não estava ali e que ele não lhes dera permissão para dar comida a quem não tivesse como pagar.

O mendigo, cabisbaixo ia caminhando para fora do restaurante quando sentiu o forte e agradável cheiro de comida sendo preparada. Então ele avistou a grande panela bem próxima a ele, onde uma grande porção de carne estava sendo cozida.

Sem conseguir resistir, e imaginando que não faria nenhum mal a ninguém, ele se aproximou da panela e cheirou. Sentiu aquele cheiro agradável de carne e tempero entrando pelas suas narinas. Ah, como seria bom ter um pouco daquela carne...

Mas então uma voz atrás de si interrompeu seus pensamentos:

— O que você está fazendo? Pague agora!

O mendigo se virou e deu de cara com o dono do estabelecimento, que olhava-o furioso.

— Mas eu não comi nada! — explicou o mendigo, sem poder acreditar no que ouvia.

— Não comeu, mas cheirou! Você gastou parte do cheiro da comida e deve pagar por esse cheiro.

— Mas eu não tenho nenhum dinheiro — disse o mendigo em tom de desespero.

O dono do restaurante então o levou perante o juiz da cidade, o velho chamado Nasrudin. Chegando lá, Nasrudin ouviu a história dos dois e após um tempo em silêncio, pensativo, ele disse:

— Mendigo, é verdade que você não tem dinheiro nenhum para pagar por ter cheirado a comida?

Bruno Badain/Manga Mecânica

O mendigo balançou a cabeça positivamente.

— Homem — continuou Nasrudin, dessa vez se dirigindo ao dono do restaurante —, é verdade que você quer que o mendigo pague simplesmente por ter cheirado o aroma da sua comida?

— Mas é claro! Ele gastou o cheiro da comida e deve pagar pelo cheiro que consumiu! — respondeu o homem.

O juiz olhou para os dois por um tempo e então disse ao dono do restaurante:

— Tudo bem. O mendigo não tem com o que pagar, então eu pagarei e assim encerraremos o assunto.

Nasrudin então pegou algumas moedas e chamou o dono do restaurante para mais perto de si. O homem obedeceu, com um sorriso no rosto e a mão estendida para apanhar o dinheiro.

Mas logo sua expressão de alegria se transformou em confusão e surpresa, quando Nasrudin levou as moedas até próximo à orelha do homem e as sacudiu, causando um pequeno tilintar.

— Pronto! Está pago, já podem ir — disse o juiz Nasrudin, com um sorriso amigável no rosto.

— O que é isso? — exclamou o dono do restaurante, com o rosto vermelho de confusão e ira.

Nasrudin lhe respondeu:

— Ora, o senhor quis que o mendigo pagasse apenas por ter cheirado o aroma de sua comida. Então é justo que lhe pague com o som das minhas moedas!

Regina Machado. *Nasrudin*. São Paulo: Companhia das Letrinhas, 2001.
[Adaptado para fins didáticos]

Estudo do texto

Um dos elementos fundamentais no processo de composição de uma história é a posição que o narrador assume para contar os fatos. Essa posição é denominada **foco narrativo**, e, dependendo dele, a história adquire significações diferentes.

No texto 1, o fato é apresentado na versão de uma das personagens envolvidas.

No texto 2, o narrador apresenta os fatos como observador do que acontece no mundo exterior e no mundo interior das personagens.

Esses dois textos mostram duas posições básicas para contar os fatos de uma história.

1. Leia os trechos a seguir.

> No momento em que passava o carro diante de nós, vendo o perfil suave e delicado que iluminava a aurora de um sorriso raiando apenas no lábio mimoso, e a fronte límpida que à sombra dos cabelos negros brilhava de viço e juventude, não me pude conter de admiração.

> Durante que se desimpedia o caminho, tínhamos parado para melhor admirá-la; e então ainda mais notei a serenidade de seu olhar que nos procurava com ingênua curiosidade, sem provocação e sem vaidade. O carro partiu; porém tão de repente e com tal ímpeto dos cavalos por algum tempo sofreados, que a moça assustou-se e deixou cair o leque. Apressei-me, e tive o prazer de o restituir inteiro.

Em ambos os casos, quem está contando a história?

_____
_____

2. Agora, leia este outro trecho.

> Feliz com seu pão, ele teve uma ideia. Iria procurar algo para colocar em seu pão e melhorar ainda mais sua refeição. Assim ele foi até um restaurante próximo e, com toda a educação, se pôs a pedir uma porção de carne.

Quem narra essa história?

_____
_____

Produção de textos

Apresentamos a seguir duas propostas para a criação de um texto. Escolha uma delas. O objetivo é conduzi-lo a descobrir, com base em um mesmo fato, outros significados de acordo com o foco narrativo assumido.

1. Com base nos fatos apresentados no texto "Lucíola", construa um texto com o foco narrativo em terceira pessoa, como narrador-observador.

2. Seguindo o estilo do texto de José de Alencar, escolha um dos fatos abaixo e crie uma história com foco narrativo em primeira pessoa, isto é, como narrador-personagem.
   a) seu nascimento;
   b) um dia inesquecível;
   c) um sonho;
   d) um segredo;
   e) um medo.

Ficha 2

FOCO NARRATIVO

Autor(a): _____   Data: ___/___/___

Planejamento

Antes de começar a escrever sua história, organize alguns dados.

1. Fatos: escreva resumidamente o que aconteceu
_____
_____
_____
_____
_____
_____

2. Personagens: nome e principais características
_____
_____

3. Narrador:
_____

4. Conflito:
_____

Escrita

Ao escrever sua história, procure ser coerente com o foco narrativo que escolheu.
_____
_____
_____
_____
_____
_____
_____
_____

Oficina de escritores • 9º ano • Projeto B: No mundo da ficção

Revisão

Ao revisar seu texto, observe, sobretudo, a coerência da posição do narrador. Ele só pode contar aquilo que vê, observa e sente. Para os demais itens, guie-se pelo **Roteiro de revisão**.

Roteiro de revisão	Avaliação do autor		Avaliação do leitor	
	SIM	NÃO	SIM	NÃO
Gênero textual				
1. O texto seleciona fatos e elementos descritivos da personagem e do ambiente coerentes com o foco narrativo?				
2. Apresenta elementos próprios do discurso narrativo?				
Coerência				
1. Estabelece relação lógica entre os fatos apresentados no texto?				
2. Há relação lógica entre os fatos e o conflito vivido pela personagem principal?				
Coesão				
1. Emprega recursos linguísticos que dão continuidade ao texto?				
2. Constrói frases claras e com vocabulário adequado?				
Adequação à norma-padrão				
1. O texto respeita:				
a) as convenções da escrita (ortografia e acentuação)?				
b) as normas gramaticais (pontuação, concordância, regência, colocação)?				
Edição do texto				
1. O texto apresenta:				
a) legibilidade?				
b) uniformidade de margens?				
c) ausência de rasuras?				

Autor(a): _____

Comentários do leitor (professor ou colega):

_____
_____
_____
_____
_____
_____
_____

Oficina de escritores • 9º ano • Projeto B: No mundo da ficção

Reescrita

_____
_____
_____
_____
_____
_____
_____
_____
_____
_____
_____
_____
_____
_____
_____
_____
_____
_____
_____
_____
_____
_____
_____
_____
_____
_____

Edição final

Prepare a edição de seu texto para ser publicado no livro de histórias. Se houver possibilidade, digite-o em um processador de textos e ilustre-o.

3 AMPLIAÇÃO DOS FATOS

Ao criar e escrever uma história, o autor cria uma nova realidade.

Vamos conhecer os recursos que o autor pode utilizar para ampliar os fatos básicos, criando uma nova realidade.

E você vai escrever uma história ampliando os fatos.

Você já sabe que os fatos constituem a matéria-prima de uma história. Por esse motivo, o simples relato dos fatos não é suficiente para compor uma história. É preciso um contexto físico e temporal para que o leitor possa compreendê-los. Em uma notícia jornalística, por exemplo, a realidade constitui o suporte para sua compreensão. Em uma história, embora o autor possa extrair da realidade os elementos básicos para sua composição, a ampliação dos fatos, operada por meio da magia das palavras, consegue sugerir ao leitor uma situação dramática própria, projetando uma nova realidade.

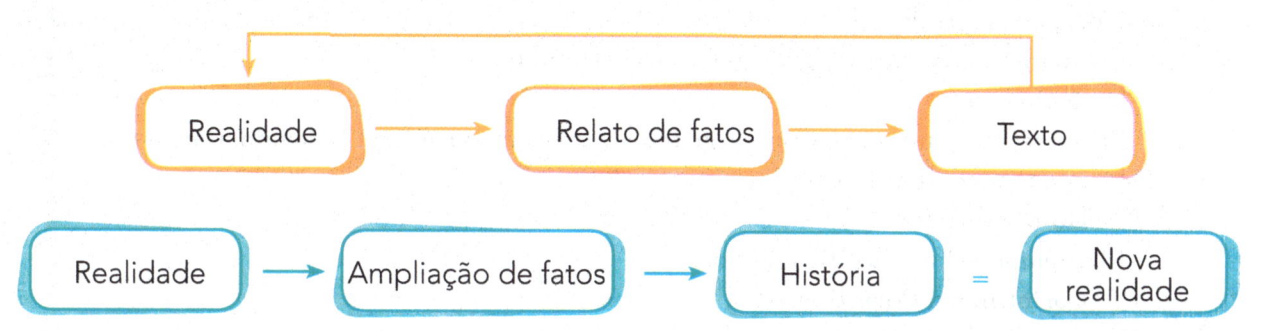

Realidade → Relato de fatos → Texto

Realidade → Ampliação de fatos → História = Nova realidade

Veja como essa ampliação dos fatos se realiza no texto a seguir, que recupera a mesma vibração com que você assiste a uma partida de futebol. Ao assistir ao jogo, você não perde nada. Os olhos, fascinados e atentos, correm da bola para o jogador, deste para a trave, da trave para a torcida. E, quando acontece o gol, um som atordoador invade o estádio e você delira com a massa colorida que lota as arquibancadas. Tudo é muito rápido, colorido, direto. Antônio de Alcântara Machado, escritor paulista da década de 1930, nos faz reviver no texto esses momentos, ao criar na história uma nova realidade.

Corinthians vs. Palestra[1]

Prrrrii!
— Aí, Heitor!
A bola foi parar na extrema esquerda. Melle desembestou com ela.
A arquibancada pôs-se em pé. Conteve a respiração.
Suspirou:
— Aaaah!
Miquelina cravava as unhas no braço gordo da Iolanda.
Em torno do trapézio verde[2] a ânsia de vinte mil pessoas. De olhos ávidos[3].
De nervos elétricos. De preto. De branco. De azul. De vermelho[4].
Delírio[5] futebolístico no Parque Antártica.
Camisas verdes e calções negros corriam, pulavam, chocavam, embaralhavam-se, caíam, contorcionavam-se, esfalfavam-se[6], brigavam. Por causa da bola de couro amarelo que não parava, que não parava um minuto, um segundo. Não parava.
— Neco! Neco![7]
Parecia um louco. Driblou. Escorregou. Driblou. Correu. Parou. Chutou.
— Gooool! Gooool!
Miquelina ficou abobada, com o olhar parado. Arquejando. Achando aquilo um desaforo, um absurdo.
Aleguá-guá-guá! Aleguá-guá-guá! Hurra! Hurra![8]
Corinthians!
Palhetas[9] subiram no ar. Com os gritos. Entusiasmos rugiam. Pulavam. Dançavam. E as mãos batendo nas bocas:
— Go-o-o-o-o-ol![10]
Miquelina fechou os olhos de ódio.
— Corinthians! Corinthians!

Antônio de Alcântara Machado. *Novelas paulistanas*.
Rio de Janeiro: Ediouro, 2005.

Comentários
1. Refere-se ao Palestra Itália, time de futebol da cidade de São Paulo conhecido atualmente como Sociedade Esportiva Palmeiras.
2. Gramado de um campo de futebol.
3. Atentos, ansiosos, muito interessados.
4. O autor destaca as cores predominantes na plateia vibrante, oferecendo ao leitor uma imagem visual forte e direta da cena. A separação por meio do ponto sugere o dinamismo da cena.
5. Estado de grande excitação e euforia; alegria desmedida; grande entusiasmo.
6. Cansavam-se, extenuavam-se, afadigavam-se.
7. Famoso jogador do Sport Clube Corinthians Paulista.
8. Interjeições de aplauso.
9. Chapéu de palha que se usava na década de 1930, época em que foi escrito esse texto.
10. A repetição da vogal sugere a intensidade do grito de gol.

Estudo do texto

1. Analise o texto.

    a) Quais são os fatos apresentados?

    b) Qual é a ordem dos acontecimentos nos fatos apresentados?

2. Marque no texto os trechos em que os fatos são apresentados progressivamente, isto é, um fato acontece depois do outro, e os trechos em que se apresenta a simultaneidade dos fatos, ou aspectos da realidade, o que acontece ao mesmo tempo.

    Exemplo de progressividade:

    A bola foi parar na extrema esquerda. Melle desembestou com ela.

    Exemplo de simultaneidade:

    Miquelina cravava as unhas no braço gordo da Iolanda. Em torno do trapézio verde a ânsia de vinte mil pessoas. De olhos ávidos. De nervos elétricos. De preto. De branco. De azul. De vermelho.

    Ao captar a simultaneidade de aspectos que compõem um fato, o autor o amplia, possibilitando ao leitor aproximar-se da realidade e senti-la. A simultaneidade permite a ampliação dos fatos.

    Para ampliar um fato, o autor apresenta os aspectos simultâneos das ações e das falas da personagem de diferentes perspectivas:

FATO (progressividade)	AMPLIAÇÃO DO FATO (simultaneidade)
Personagem 1. **Ações** (o que ela faz?) 2. **Falas** (o que ela fala?)	Personagem 1. **Características** (como ela é?) 2. **Sentimentos** (o que ela sente?) 3. **Pensamentos** (o que ela pensa?) 4. **Lugar** (onde ela está?)

Veja como essa ampliação ocorre em outro momento do texto:

FATO	AMPLIAÇÃO DO FATO
Driblou. Escorregou. Driblou. Correu. Parou. Chutou. — Gooool! Gooool!	Miquelina ficou abobada, com o olhar parado. Arquejando. Achando aquilo um desaforo, um absurdo. Aleguá-guá-guá! Aleguá-guá-guá! Hurra! Hurra! Corinthians!

3. Leia este parágrafo do conto "A imitação da rosa", de Clarice Lispector. Observe como a autora ampliou um instante da história, acrescentando elementos simultâneos que captam características, pensamentos e sentimentos da personagem.

> Interrompendo a arrumação da penteadeira, Laura olhou-se ao espelho: e ela mesma, há quanto tempo? Seu rosto tinha uma graça doméstica, os cabelos eram presos com grampos atrás das orelhas grandes e pálidas. Os olhos marrons, os cabelos marrons, a pele morena e suave, tudo dava a seu rosto já não muito moço um ar modesto de mulher. Por acaso alguém veria, naquela mínima ponta de surpresa que havia no fundo de seus olhos, alguém veria nesse mínimo ponto ofendido a falta dos filhos que ela nunca tivera?

Utilizando cores diferentes, grife no texto, o fato e a ampliação do fato.

Produção de textos

Escolha uma das propostas abaixo.

1. Amplie o fato seguinte acrescentando aspectos simultâneos a ele (ações, falas, características, pensamentos, sentimentos da personagem, características do lugar) capazes de aproximar e envolver o leitor no clima da história.

> *Pensou em namorados antigos, em alguns recentes.*

2. Conte uma história ampliando os fatos apresentados pelo poema de Manuel Bandeira.

Poema tirado de uma notícia de jornal

João Gostoso era carregador de feira livre e morava
  no morro da Babilônia num barracão sem número.
Uma noite ele chegou no bar Vinte de Novembro
Bebeu
Cantou
Dançou
Depois se atirou na Lagoa Rodrigo de Freitas e
  morreu afogado.

Manuel Bandeira. *Libertinagem & Estrela da manhã.*
São Paulo: Nova Fronteira, 2005.

Para ampliar os fatos, procure acompanhar a personagem de diferentes perspectivas (o que faz, fala, pensa, sente, como é, onde está). Procure também restringir o tempo cronológico, focalizando, de preferência, determinado momento.

Ficha 3 — AMPLIAÇÃO DOS FATOS

Autor(a): _____ Data: ___/___/___

Planejamento

Antes de começar a escrever a história, procure organizar alguns dados.

1. Caracterização da personagem: nome, idade, características físicas e psicológicas, local em que vive, profissão etc.
_____
_____
_____
_____
_____

2. Local em que acontecem os fatos:
_____
_____
_____

3. Conflito básico que a personagem vive:
_____
_____
_____

4. Resumo dos principais fatos:
_____
_____
_____
_____
_____
_____

Escrita

Intercale, no relato das ações da personagem, aspectos simultâneos capazes de sugerir ao leitor como ela é, como é o lugar em que está, o que pensa, o que sente.
_____
_____
_____
_____
_____

Oficina de escritores • 9º ano • Projeto B: No mundo da ficção

Revisão

Na revisão do texto e na releitura crítica que você vai fazer, verifique se a presença dos aspectos simultâneos consegue envolver o leitor, permitindo-lhe "ver" na imaginação o que está acontecendo e ao mesmo tempo participar das emoções da personagem.

Roteiro de revisão	Avaliação do autor		Avaliação do leitor	
	SIM	NÃO	SIM	NÃO
Gênero textual				
1. O texto seleciona fatos e elementos descritivos da personagem e do ambiente coerentes com o foco narrativo?				
2. Apresenta elementos próprios do discurso narrativo?				
Coerência				
1. Estabelece relação lógica entre os fatos apresentados no texto?				
2. Há relação lógica entre os fatos e o conflito vivido pela personagem principal?				
Coesão				
1. Emprega recursos linguísticos que dão continuidade ao texto?				
2. Constrói frases claras e com vocabulário adequado?				
Adequação à norma-padrão				
1. O texto respeita:				
a) as convenções da escrita (ortografia e acentuação)?				
b) as normas gramaticais (pontuação, concordância, regência, colocação)?				
Edição do texto				
1. O texto apresenta:				
a) legibilidade?				
b) uniformidade de margens?				
c) ausência de rasuras?				

Comentários do leitor (professor ou colega):

_____
_____
_____
_____
_____
_____
_____

Autor(a): _____

Reescrita

_____
_____
_____
_____
_____
_____
_____
_____
_____
_____
_____
_____
_____
_____
_____
_____
_____
_____
_____
_____
_____
_____
_____
_____
_____

Edição final

Prepare a edição de seu texto para ser publicado no livro de histórias. Se houver possibilidade, digite-o em um processador de textos e ilustre-o.

4 CONFLITO DA PERSONAGEM

Você vai aprender:
- que o conflito constitui o elemento desencadeador de uma história;
- a identificar o conflito vivido pela personagem principal;
- a selecionar os elementos relacionados ao conflito da personagem;
- a escrever uma história com base em um conflito.

Encontro com o passado

— Cai fora, Nina! Isto não é brinquedo de mulher...

Aquilo doía como um tapa. Eu mordia o beiço, sentia no rosto uma quentura de ódio e ia pra dentro... Vinham lá de fora, do quintal claro de sol, gritos, risadas, correrias... Luisinho, Carlos e os meninos da vizinhança brincavam de piratas, pulavam o muro, vermelhos, sem camisa, a testa escorrendo suor. [...]

E eu no exílio. A única menina da casa, mamãe me proibia tomar parte nos brinquedos masculinos.

Doce e persuasiva, tentava me convencer:

— Você está com onze anos! É quase uma mocinha... Esses brinquedos não servem... Isso não são modos de menina... Veja Lainha!

Lainha era o fantasma da minha meninice, tudo o que eu devia ser e que não era, o exemplo invocado a todas as horas, para minha amargura e meu ódio. Branca e loura, os cachos macios descendo até a barra do vestido, a sua voz tranquila e os seus gestos mansos eram o desespero do meu estabanamento. Eu tinha no íntimo uma admiração calada e enraivecida por aquela figura de santa, posta como padrão diante das minhas travessuras!

Água morna!

Lainha chegava de visita, o vestido impecável de babadinhos, faixa na cintura, fita no cabelo, corrente no pescoço, de que pendia uma medalhinha de ouro: "Deus te guie"...

Aquilo era uma humilhação constante; invariavelmente, tia Lola virava-se para mim e dizia:

— E a sua, Nina, quedê? Fiz questão de mandar fazer duas iguaizinhas para vocês se lembrarem sempre uma da outra. Acho tão bonito a amizade de primas...

Mamãe explicava humilhada como é que eu perdera a minha.

Tia Lola, feliz, principiava o elogio de Lainha:

— Essa menina nunca perde nada! Nunca vi! Os vestidos dela, quando dou para a filha da empregada, parece que saíram da loja! Não servem mais, mas estão novinhos...

Eu já estava no fundo do poço das humilhações. Mamãe pousava em mim um olhar tristonho, sem responder. Eu rememorava os meus vestidos rasgados.

Tia Lola, embriagada de orgulho materno, propunha:

— Toquem qualquer coisa a quatro mãos! Lainha está acabando o 5º Schmoll!

— Nina agora é que está no 3º! Atrasou-se um pouco...

— Começaram juntas, não foi? — fazia questão de frisar tia Lola.

E lá ia ela para o piano, sozinha. Eu não tinha remédio senão admirar. Lainha fazia rodar o banquinho, graciosa e delicada. Endireitava o vestido, num modinho bonito. E – suprema inveja! – passava a mão sob os cachos pesados, jogava-os nas costas, dourados e brilhantes, num gesto de rainha.

Eu sumia na poltrona, analisando o seu perfil perfeito, as mãos brancas dançando no teclado... Em minha frente, o espelho grande da sala, de moldura dourada, era qualquer coisa de implacável: jogava-me, como um insulto, uma magricela pálida, de cabelo preto e escorrido!

— Índia! Cegonha!

Aquilo vinha aos gritos, nas desavenças diárias. E combinava doloridamente, para minha vaidade feminina, com a opinião insuspeita de Luzia, que aconselhava mamãe, enquanto fritava bolinhos, vagarosa e sensata:

— Essa menina tá ficando com jeito de potrinho novo, com aquelas pernas compridas... A senhora precisa comprar um fortificante para ela!

Pra que é que eu tinha nascido mulher? Não tinha jeito nenhum para a coisa. O piano me irritava, as bonecas me desinteressavam, o bordado me enlouquecia. Tinha uma impressão machucante de inferioridade, sempre que era posta à parte num brinquedo ou num passeio, por ser menina.

Elsie Lessa. Encontro com o passado. In: Graciliano Ramos (Org.) *Seleção de contos brasileiros*. Rio de Janeiro: Edições de Ouro, 1966.

Estudo do texto

Em uma história, toda personagem vive intensamente um problema, concretizando as angústias, as ansiedades, as emoções humanas.

Esse problema vivido pela personagem em uma história é denominado **conflito**.

O conflito humano pode ser econômico, social, psicológico, emocional, existencial etc. Todos eles, no entanto, são gerados por dois aspectos básicos:

- o ter / não ter;
- o ser / não ser.

Por exemplo, uma pessoa quer **ter** um carro; o fato de **não ter** gera um conflito. Uma pessoa quer **ser** amada; o fato de **não ser** gera um conflito.

A ausência de algo desejável ou a presença de algo indesejável constituem os elementos motivadores dos conflitos humanos.

Você, como todas as pessoas, possui conflitos, alguns mais, outros menos significativos. A diferença entre você e a personagem de uma história é que:

- **você** vive ao mesmo tempo **vários conflitos** de ordens diferentes;
- a **personagem** de uma história vive intensamente **um conflito**.

O conflito, numa história, é gerado pela presença de uma força contrária que impede a personagem principal de realizar seus desejos.

ser / ter		não ser / não ter
personagem	⟷	força contrária

Essa força contrária pode ser constituída de uma personagem que desempenha, na história, a função de **antagonista** ("anto" = contra; "gonia" = ação). A personagem principal, que vive o conflito, denomina-se **protagonista** ("proto" = primeiro; "gonia" = ação).

A **narração** é, portanto, o relato de um conflito humano que se manifesta numa luta entre protagonista e antagonista. Todos os elementos que compõem a história (personagens, ações, falas, pensamentos, sentimentos, características, ambiente) devem ser selecionados em função do conflito vivido pela personagem protagonista.

ser / ter		não ser / não ter
protagonista	⟷	antagonista

Nesse sentido, um romance, um conto, uma novela, um filme constituem o relato da história de um conflito vivido pela personagem.

1. No caso do texto "Encontro com o passado", a personagem Nina vive um conflito.

    a) Que conflito é esse?

    _____

    _____

    b) Copie um trecho do texto que comprove sua resposta ao item anterior.

    _____

    _____

    _____

    _____

Podemos, portanto, afirmar que o conflito vivido pela protagonista Nina é o seguinte.

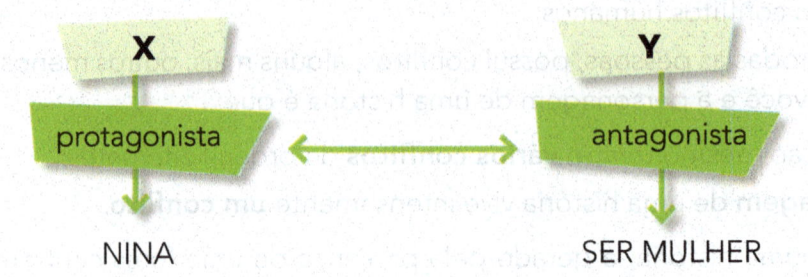

```
       X                                    Y
   protagonista  ←——————→  antagonista
       ↓                                    ↓
      NINA                              SER MULHER
```

A história se mantém enquanto perdura a luta entre essas duas forças. Ao desaparecer um dos elementos, acontece o desfecho, que pode ser feliz se o elemento X (protagonista) vencer o elemento Y (antagonista), ou pode ser trágico se ocorrer o inverso.

Todos os elementos da história (ações, falas, pensamentos, sentimentos, características, ambiente) giram em torno desse conflito.

1. **Ações**:
    Eu mordia o beiço, sentia no rosto uma quentura de ódio e ia pra dentro... Vinham lá de fora, do quintal claro de sol, gritos, risadas, correrias...

2. **Pensamentos e sentimentos**:
    Pra que é que eu tinha nascido mulher? Não tinha jeito nenhum para a coisa. O piano me irritava, as bonecas me desinteressavam, o bordado me enlouquecia. Tinha uma impressão machucante de inferioridade, sempre que era posta à parte num brinquedo ou num passeio, por ser menina.

3. **Características**:
    Lainha fazia rodar o banquinho, graciosa e delicada. Endireitava o vestido, num modinho bonito. E – suprema inveja! – passava a mão sob os cachos pesados, jogava-os nas costas, dourados e brilhantes, num gesto de rainha.

4. **Falas**:
    — Você está com onze anos! É quase uma mocinha... Esses brinquedos não servem... Isso não são modos de menina... Veja Lainha!
    — Índia! Cegonha!

Produção de textos

Escolha uma das propostas.

1. Escreva uma história cuja personagem viva intensamente um dos seguintes conflitos:
   - a expectativa de uma prova;
   - o medo de ser assaltada;
   - a vida de adolescente;
   - uma discussão com o pai ou a mãe;
   - o primeiro encontro;
   - o preconceito.

2. Para Nina, seu maior drama na infância era ter nascido mulher e não poder participar das brincadeiras dos meninos.

   Você se lembra de algum problema de sua infância que o(a) angustiava profundamente? Crie uma personagem que incorpore o problema vivido por você e escreva uma história.

Ficha 4 — CONFLITO DA PERSONAGEM

Autor(a): _____ Data: ___/___/___

Planejamento

Organize os dados da história que você vai escrever.

1. Fatos (síntese do que aconteceu):
   _____
   _____
   _____
   _____
   _____

2. Personagens (nome e principais características):
   _____
   _____

3. Conflito (problema vivido pela personagem principal):
   _____
   _____

4. Foco narrativo (posição do narrador):
   _____
   _____

Escrita

Comece o texto focalizando a personagem, de preferência, em pleno conflito. Não se preocupe muito em explicar ao leitor como o conflito é resolvido. Procure apenas sugerir, fornecendo algumas pistas que lhe permitam imaginar o final da história.

_____
_____
_____
_____
_____
_____
_____

Oficina de escritores • 9º ano • Projeto B: No mundo da ficção

Revisão

Na revisão do seu texto, priorize os seguintes aspectos:

1) A personagem principal deve viver um conflito básico na história.
2) O narrador dever ser coerente com a posição assumida.
3) Todos os detalhes (ações, pensamentos, sentimentos e características) devem convergir para o conflito da personagem.

Roteiro de revisão	Avaliação do autor		Avaliação do leitor	
	SIM	NÃO	SIM	NÃO
Gênero textual				
1. O texto apresenta elementos de caracterização da personagem (ações, fala, sentimentos, pensamentos, ambiente) coerentes com o conflito básico vivido por ela?				
2. O texto apresenta elementos próprios do discurso narrativo?				
Coerência				
1. Estabelece relação lógica entre os fatos apresentados no texto?				
2. Há relação lógica entre os fatos e o conflito vivido pela personagem principal?				
Coesão				
1. Emprega recursos linguísticos que dão continuidade ao texto?				
2. Constrói frases claras e com vocabulário adequado?				
Adequação à norma-padrão				
1. O texto respeita: a) as convenções da escrita (ortografia e acentuação)? b) as normas gramaticais (pontuação, concordância, regência, colocação)?				
Edição do texto				
1. O texto apresenta: a) legibilidade? b) uniformidade de margens? c) ausência de rasuras?				

Comentários do leitor (professor ou colega):

_____
_____
_____
_____
_____

Autor(a): _____

Reescrita

_____
_____
_____
_____
_____
_____
_____
_____
_____
_____
_____
_____
_____
_____
_____
_____
_____
_____
_____
_____
_____
_____
_____
_____
_____
_____

Edição final

Prepare a edição de seu texto para ser publicado no livro de histórias. Se houver possibilidade, digite-o em um processador de textos e ilustre-o.

5 ENREDO

Você vai aprender:
- que existem diferentes possibilidades de organizar os fatos de uma história;
- a distinguir enredo cronológico de enredo psicológico;
- a reescrever uma história mudando o enredo;
- a escrever uma história dispondo os fatos em um enredo cronológico ou em um enredo psicológico.

Ao contar uma história, o narrador pode organizar os fatos em duas sequências:

1. **Sequência cronológica** – conta os fatos obedecendo à sequência do tempo: antes, durante, depois.

Por exemplo, ao relatar os fatos que envolveram uma viagem, organizando os fatos numa sequência cronológica, o narrador seguiria este esquema:

Antes da viagem	Durante a viagem	Depois da viagem
Começo	Desenvolvimento	Desfecho

2. **Sequência psicológica** – o narrador faz um recuo no tempo (*flashblack*): a história começa pelo final e reverte ao ponto de partida dos acontecimentos que fizeram a personagem chegar à situação em que se encontra no presente.

Na sequência psicológica, predomina o mundo interior da personagem, que se desliga do presente e recorda fatos passados.

Para relatar uma viagem, por exemplo, seguindo a sequência psicológica, o narrador obedeceria ao seguinte esquema:

Depois da viagem	Antes da viagem	e	durante a viagem
Desfecho	Começo	e	desenvolvimento
Presente	Passado (recordações da personagem)		

O interesse do leitor seria descobrir por que e como a personagem chegou à situação em que se encontra.

Menino de engenho

Uma tarde, chegou um portador, num cavalo cansado de tanto correr, com um bilhete para o meu avô. Era um recado do coronel Anísio, de Cana Brava, prevenindo que António Silvino naquela noite estaria entre nós. A casa toda ficou debaixo de pavor.

O nome do cangaceiro era o bastante para mudar o tom de uma conversa. Falava-se dele baixinho, em cochicho, como se o vento pudesse levar as palavras.

Para os meninos, a presença de António Silvino era como se fosse a de um rei das nossas histórias, que nos marcasse uma visita. Um dos nossos brinquedos mais preferidos era até o de fingirmos de bando de cangaceiros, com espadas de pau e cacetes ao ombro, e o mais forte dos nossos fazendo de António Silvino.

Naquela noite íamos tê-lo em carne e osso. Meu avô é que era o mesmo. Aquele seu ar de tranquilidade poucas vezes eu via alterar-se. A velha Sinhazinha para dentro e para fora, nas suas ordens para o jantar, gritando para os negros e os moleques com a mesma arrogância incontentável. A tia Maria ficava no seu quarto a rezar. Tinha muito medo dessa gente que vivia no crime. Quando me viu a seu lado, abraçou-me, chorando.

Não havia, porém, perigo de espécie alguma. António Silvino vinha ao engenho em visita de cortesia. Um ano antes ele estivera na vila de Pilar com outras intenções. Fora ali para receber o pagamento de uma nota falsa que o coronel Napoleão lhe passara. E não encontrando o velho, vingara-se nos seus bens com uma fúria de vendaval. Atirou para a rua tudo o que era da loja, e quando não teve mais nada para desperdiçar, jogou do sobrado abaixo uma barrica de dinheiro para o povo. Mas com meu avô o bandido não tinha rixa alguma. Naquela noite viria fazer a sua primeira visita.

À noitinha chegava o bando à porta da casa-grande. Vinha António Silvino à frente, os seus doze homens a distância. Subiu a calçada como um chefe, apertou a mão do meu avô com um riso na boca. Levado para a sala de visitas, os cabras ficaram enfileirados na banda de fora, numa ordem de colegiais. Só ele tomava intimidade com os de casa. Ficávamos nós, os meninos, numa admiração, de olhos compridos para o nosso herói, para o seu punhal enorme, os seus dedos cheios de anéis de ouro e a medalha com pedras de brilhantes que trazia ao peito. O seu rifle pequeno, não o deixava, trazendo-o entre os joelhos.

À hora do jantar foram todos para a mesa. Ele à cabeceira, e os cabras por ordem, todos calados, como se estivessem com medo. Só ele falava, contava histórias — o último cerco que os macacos lhe fizeram em Cachoeira de Cebola —, numa fala de tátaro, querendo fazer-se muito engraçado.

Alta noite foi-se com o seu bando. Para mim tinha perdido um bocado do prestígio. Eu fazia-o outro, arrogante e impetuoso, e aquela fala bamba viera desmanchar em mim a figura do herói.

Jose Lins do Rego. *Menino de engenho*. Rio de Janeiro: José Olympio, 2001.

Estudo do texto

Os **fatos** constituem a matéria-prima com base na qual o autor organiza a história. No trecho retirado de "Menino de engenho" os fatos são:

> Uma tarde, o avô recebe um recado do coronel Anísio. António Silvino, um cangaceiro, o faria uma visita naquela noite. As pessoas da casa reagiram de diferentes maneiras à notícia. À noite, o bando de cangaceiros chega à casa-grande. Jantam e conversam. Alto da noite, vão embora.

Com base nesses fatos, José de Lins do Rego construiu um texto que adquire vida e desperta o interesse do leitor graças a uma organização original. Identifique no texto:

- O conflito.
- O foco narrativo.
- A sequência dos fatos.

Essa organização dos fatos é chamada **enredo**. Nessa história, os fatos foram dispostos numa sequência do tempo do relógio. Trata-se de um enredo cronológico, em que os fatos são distribuídos em três momentos:

Apresentação	Localização das personagens no tempo e no espaço. Ausência de conflito. A. *Uma tarde, o avô recebe um recado do coronel Anísio.* B. *António Silvino, um cangaceiro, o faria uma visita naquela noite.*
Conflito	Presença de um antagonismo que gera o conflito da personagem. Quando o conflito se intensifica, o enredo atinge o clímax. C. *As pessoas da casa reagiram de diferentes maneiras à notícia.* D. *À noite, o bando de cangaceiros chega à casa-grande.*
Desfecho	O final da história pode ser feliz se o protagonista vencer o antagonismo ou trágico se ocorrer o inverso. E. *Jantam e conversam.* F. *Alto da noite, vão embora.*

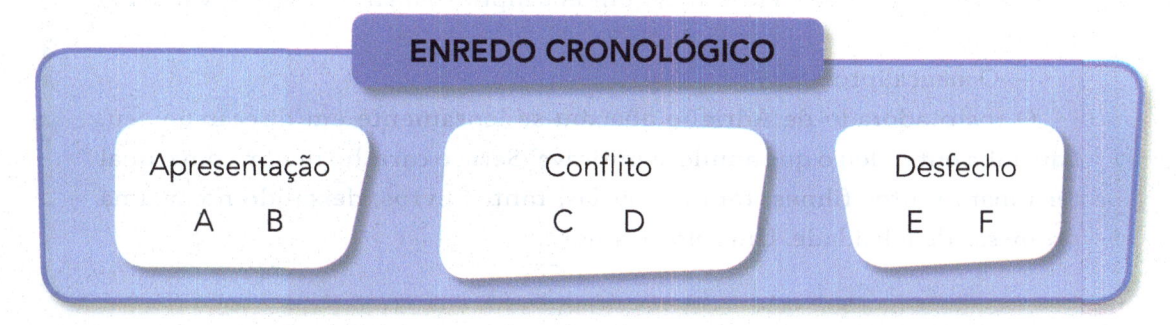

ENREDO CRONOLÓGICO

Apresentação	Conflito	Desfecho
A B	C D	E F

Projeto B • No mundo da ficção

O *meucalipto*

Laurinha sentiu os olhos boiando nas próprias lágrimas. Eles choravam por Adriano.

Depois do último sinal daquela manhã de aulas, a menina não quis ir direto para casa. Foi andando sem rumo, mas seus pés a levaram para onde se dirigiam seus pensamentos. Para o bosque. O lugar onde Laurinha havia vivido o momento mais gostoso de sua vida. O momento de descoberta. Com Adriano.

— Adriano...

Escondida de todos, a menina encostou-se em um tronco, logo na entrada do enorme bosque de eucaliptos. Aquele bosque gostoso, de tantas recordações maravilhosas, com o mesmo sol filtrando-se por entre os eucaliptos e salpicando seu corpo de confetes de ouro. Tudo igual àquela tarde. Tudo, menos a presença de Adriano...

A menina fechou os olhos bem apertado, fazendo mais lágrimas correrem pelo rosto já ardido de tanto chorar.

Na escuridão dos seus pensamentos, iluminou-se a tela das lembranças, como um filme que começa a ser projetado na sala escura de um cinema. Não havia créditos nem letreiros, só havia o rosto bonito, o rosto sorridente de Adriano. E havia ela mesma. Laurinha, miúda menina, enlevada pela companhia do seu garoto.

O seu garoto.

Seu primeiro. Primeira descoberta. Primeiro carinho. Primeiro tudo...

O filme daquelas recordações tão queridas desenrolava-se dentro de seus olhos fechados. Os dois, juntinhos, mãos dadas, falando sem palavras, sorrindo carinhos, sentindo um ao outro, sozinhos no mundo.

O bosque era aquele. Aquele mesmo onde ela agora chorava... e recordava...

Os dois embrenhados, fazendo estalar gravetos e folhas secas sob seus passos macios.

Adriano escolheu uma árvore. Um dos eucaliptos maiores, majestoso, comprido como um mastro em busca do céu. Tirou do bolso um canivetinho e começou a riscar a casca do eucalipto. Um coração! Com uma flecha atravessada. Dentro dele, com capricho, duas iniciais: A e L.

Ele e ela! Adriano e Laurinha. Dois namorados, unidos, para sempre!

O rapazinho voltou-se para Laurinha:

— Aqui está. Este não é mais um eucalipto, Laurinha. Agora, vai ser o *seu*calipto!

— O *meu*calipto!

O rosto adorado de Adriano abaixou-se lentamente em direção ao seu. Laurinha entendeu o que aquilo significava. Seria o carinho maior, com o qual terminam tantos filmes, tantas novelas, tantos livros, deixando no ar uma promessa de felicidade. Um selo de amor...

Ela ergueu o queixo e cerrou os olhos. Os lábios de Adriano pousaram sobre os seus, como um pássaro que chega ao ninho. Quente, úmido, intenso...

Uma onda percorreu todo o corpo da menina. Vinha com calor, fazia ferver o sangue, tremer o cérebro, explodir o coração! Ela envolveu o pescoço do garoto com os braços, sentindo-se abraçada pela cintura, entregando-se completamente, como se aquele fosse o último e o maior momento de sua vida!

Abriu os olhos, desejando que o sonho continuasse na realidade e Adriano estivesse ali, sentado ao seu lado, no bosque que tinha sido o cenário daquele momento maravilhoso.

Não havia ninguém ao seu lado.

Laurinha estava novamente só, com suas recordações. E com sua dor.

Adriano não estava ali. Nunca mais estaria ali. Laurinha o vira naquela manhã, no colégio... Com a Lúcia! Rindo, feliz, de mãos dadas! Com a recém-matriculada Lúcia da 6ª série! Lúcia! Tinha até a mesma inicial. Assim, Adriano não teria nem de escolher outra árvore para desenhar um coração a canivete. O desenho no *seu*calipto serviria novamente para que Adriano beijasse sua nova conquista!

A menina levantou-se num repente e correu para dentro do bosque. Em busca do *seu*calipto. Ela sabia perfeitamente onde estava aquela árvore. Bem no coração do bosque, longe da estrada, longe de todos os olhares.

Parou subitamente. E se os dois estivessem, naquele momento, ao lado do *seu*calipto? Abraçados, olhos nos olhos, jurando amor como ela jurara naquela tarde?

Com o coração aos pulos, caminhou silenciosamente. Distante, na direção onde estava o *seu*calipto, o sol brilhava mais. Havia um clarão no meio do bosque em lugar das sombras acolhedoras que haviam envolvido o primeiro beijo de sua vida.

A menina apressou o passo em direção ao clarão, começando a entender o que tinha acontecido.

E as suas suspeitas foram confirmadas.

No meio do bosque, abria-se uma imensa clareira. Daquelas árvores majestosas, só restavam centenas de tocos e pilhas de toras de mais de dois metros de comprimento. Haviam derrubado os eucaliptos. Haviam derrubado o *seu*calipto!

Horror! Laurinha correu para a primeira pilha:

— O *meu*calipto! Cortaram o meu eucalipto!

Não precisou procurar muito. No meio da primeira pilha, lá estava o *seu*calipto. Dava para ver perfeitamente o coração muito bem talhado, com sua flecha varando-o de lado a lado e as iniciais A e L gravadas bem fundo.

Laurinha sentou-se ao lado da pilha de toras. Agora havia mais uma razão para chorar. Haviam cortado até mesmo a última recordação do seu primeiro namorado...

Pedro Bandeira. *O mistério da fábrica de livros*. São Paulo: Moderna, 2010.

Estudo do texto

No texto "O *meucalipto*", como são apresentados os fatos?

O autor dispõe os fatos numa sequência psicológica. Para isso, parte do presente e faz um recuo (*flashback*) no tempo: a história começa pelo final e retorna ao ponto de partida dos acontecimentos que fizeram a personagem chegar à situação que vivencia no presente. No enredo psicológico, predomina o mundo interior da personagem, que se desliga do presente para recordar fatos passados. O interesse do leitor, nesse tipo de enredo, é descobrir como e por que tal situação foi gerada.

ENREDO PSICOLÓGICO

Presente	Passado	Presente
Conflito	Antes do conflito | Início do conflito	Desfecho

A história começa com a personagem Laurinha vivendo internamente o conflito.

> Laurinha sentiu os olhos boiando nas próprias lágrimas. Eles choravam por Adriano.

Passado: antes do conflito / início do conflito

Aos poucos, os elementos do ambiente produzem em Laurinha a recordação de um passado em que havia ausência de conflito.

> Na escuridão dos seus pensamentos, iluminou-se a tela das lembranças, como um filme que começa a ser projetado na sala escura de um cinema.

O autor não diz exatamente o que aconteceu. Apenas fornece pistas que permitem ao leitor juntar os fatos e entender o que se passou com a personagem.

Presente: desfecho

O autor conduz a personagem ao passado para viver, no presente, a dor da perda do ser amado.

> Abriu os olhos, desejando que o sonho continuasse na realidade e Adriano estivesse ali, sentado ao seu lado, no bosque que tinha sido o cenário daquele momento maravilhoso.

> Laurinha sentou-se ao lado da pilha de toras. Agora havia mais uma razão para chorar. Haviam cortado até mesmo a última recordação do seu primeiro namorado...

Embora o narrador tenha conhecimento de todos os fatos, a revelação é gradativa, a fim de possibilitar ao leitor participar da descoberta daquilo que efetivamente aconteceu.

Produção de textos

Escolha uma das três propostas para escrever sua história.

1. Escreva um texto com base no anúncio abaixo, que faz a divulgação do filme "A dona da história". O texto que você vai criar deve terminar com o poema do anúncio lido de cima para baixo ou de baixo para cima. A escolha de uma dessas sequências de leitura determinará a organização do enredo e o conflito vivido pelas personagens.

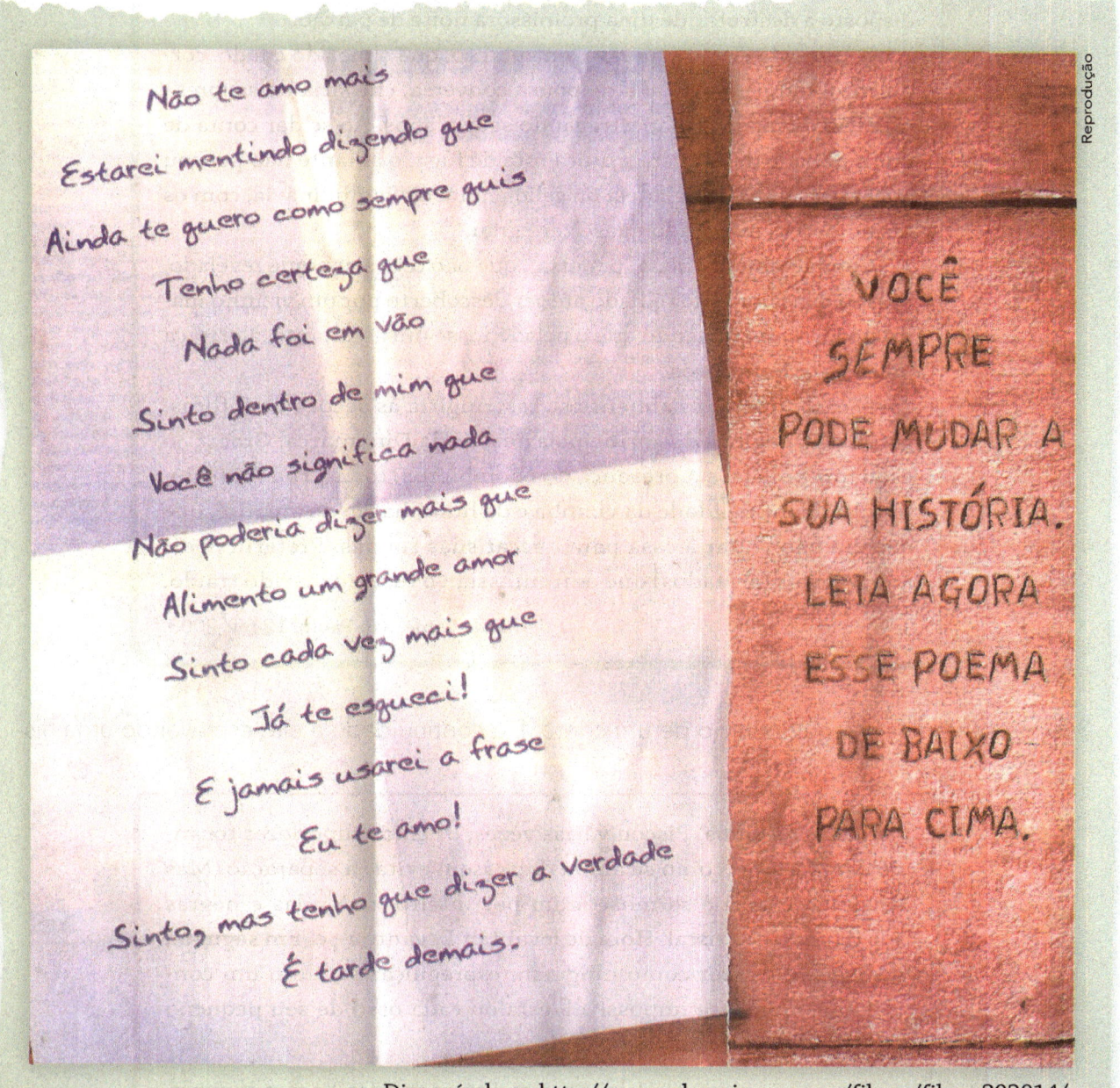

Não te amo mais
Estarei mentindo dizendo que
Ainda te quero como sempre quis
Tenho certeza que
Nada foi em vão
Sinto dentro de mim que
Você não significa nada
Não poderia dizer mais que
Alimento um grande amor
Sinto cada vez mais que
Já te esqueci!
E jamais usarei a frase
Eu te amo!
Sinto, mas tenho que dizer a verdade
É tarde demais.

VOCÊ SEMPRE PODE MUDAR A SUA HISTÓRIA. LEIA AGORA ESSE POEMA DE BAIXO PARA CIMA.

Disponível em: http://www.adorocinema.com/filmes/filme-202014/. Acesso em: 3 jun. 2020.

2. Escreva uma história com base nos elementos oferecidos na notícia. Escolha o tipo de enredo.

"Ricardão" passa duas horas pelado no telhado

Um dinamarquês precisou da ajuda de bombeiros para descer do telhado onde se refugiou, nu, ao ser surpreendido pelo marido da moça com quem planejara passar uma tórrida noite de amor. O caso se passou na cidade de Horsens e teve ingredientes de uma comédia cinematográfica: uma bela casa, um marido ausente e um quarentão disposto a desfrutar de uma promissora noite de paixão.

O "Ricardão" não esperava, entretanto, que o marido traído, corpulento, temperamental e de pouca conversa, chegaria de surpresa no meio da madrugada, estragando seus planos. Ao se dar conta de que o telhado da casa era a única rota de fuga, o amante não pensou duas vezes e saiu pela janela na gélida noite da Escandinávia, com os termômetros marcando quase zero grau.

Completamente nu, o "penetra", que não teve seu nome revelado, passou duas horas no telhado até ser descoberto por um vizinho madrugador. Este, temendo que o pelado fosse um assaltante, alertou a polícia e os bombeiros.

O caso, que normalmente se restringiria às seções de fofocas, ganhou as páginas dos principais jornais da Dinamarca. Graças ao esquema policial e à presença dos bombeiros, toda a rua foi testemunha da infidelidade da vizinha e da humilhação do amante, que decidiu não voltar à casa para buscar suas roupas. Preferiu pedir aos policiais (armados) que enfrentassem o furioso marido traído.

Jornal da Tarde, São Paulo, 12 fev. 2003.

3. Apresentamos a seguir o início de um conto. Dê continuidade a ele, escrevendo uma história.

Abriu os olhos. Piscou várias vezes, os cílios superiores tocando os inferiores como se ainda quisessem evitar a separação. Mas finalmente as íris se mostraram por inteiro, redondas e negras sob o fundo de cristal. Hora de levantar. Levantou-se. Em seguida, dedicou-se a fazer como ninguém: espreguiçar-se. Com um contorcionismo quase impossível, estalou cada osso de seu pequeno corpo. E depois saiu.

Heloísa Seixas. Fontes de calor. Contos mínimos.
Folha de S.Paulo, São Paulo, 14 maio 1998.

Ficha 5 — ENREDO

Autor(a): _____ Data: ___/___/___

Planejamento

Organize os dados da história que você vai escrever.

1. Fatos (faça uma síntese do que aconteceu):
_____
_____
_____

2. Personagens (nome e principais características):
_____
_____

3. Conflito:
_____
_____

4. Enredo:
_____

5. Foco narrativo:
_____

Escrita

Ao escrever a história, preocupe-se em selecionar apenas aspectos que estejam ligados ao conflito vivido pela personagem e coerentes com o foco narrativo.

_____
_____
_____
_____
_____
_____

Oficina de escritores • 9º ano • Projeto B: No mundo da ficção

Revisão

Ao revisar seu texto, observe se a maneira como os fatos são contados (enredo cronológico ou psicológico) envolve o leitor, possibilitando a ele conhecer gradativamente o conflito vivido pela personagem. Para os demais itens, guie-se pelo **Roteiro de revisão**.

Roteiro de revisão	Avaliação do autor		Avaliação do leitor	
	SIM	NÃO	SIM	NÃO
Gênero textual				
1. O texto apresenta elementos de caracterização da personagem (ações, fala, sentimentos, pensamentos, ambiente) coerentes com o conflito básico vivido por ela?				
2. Apresenta elementos próprios do discurso narrativo?				
Coerência				
1. Estabelece relação lógica entre os fatos apresentados no texto?				
2. Há relação lógica entre os fatos e o conflito vivido pela personagem principal?				
Coesão				
1. Emprega recursos linguísticos que dão continuidade ao texto?				
2. Constrói frases claras e com vocabulário adequado?				
Adequação à norma-padrão				
1. O texto respeita:				
a) as convenções da escrita (ortografia e acentuação)?				
b) as normas gramaticais (pontuação, concordância, regência, colocação)?				
Edição do texto				
1. O texto apresenta:				
a) legibilidade?				
b) uniformidade de margens?				
c) ausência de rasuras?				

Comentários do leitor (professor ou colega):

_____
_____
_____
_____
_____
_____

Autor(a): _____

Reescrita

Edição final

Prepare a edição de seu texto para ser publicado no livro de histórias. Se houver possibilidade, digite-o em um processador de textos e ilustre-o.

6 SUSPENSE

Uma boa história deve atrair o interesse do ouvinte ou do leitor, levando-o sempre a querer saber o que vai acontecer.

Vamos conhecer alguns recursos utilizados para criar suspense, e você vai usá-los para escrever uma história.

Um filme ou uma novela de televisão conseguem atraí-lo se você quer saber o que vai acontecer com uma personagem, como ela conseguirá se livrar daquela situação, como terminará a história. Esse envolvimento do espectador com a história contada em um filme ou uma novela o autor obtém graças ao suspense.

Há várias possibilidades de criar suspense numa história. Observe como o autor conseguiu isso no texto a seguir.

O valente

Chegou na cidadezinha de Pedras Altas numa chuva antiga[1]. Em boa sela[2] e melhor estribo veio ele. Falava pelo canto da boca – do outro lado a brasa do seu charuto espiava o mundo[3]. No Hotel Chic, tirando uma pesada e alentada[4] garrucha, deu nome e patente[5]:

— Sou o Capitão Quirino Dias.

Mandou que arrumassem o seu baú de viagem dentro do maior cuidado:

— É tudo munição, coisa de muita responsabilidade.

A cidadezinha de Pedras Altas viu logo que estava diante de um pistoleiro de marca. E isso ganhou raiz[6] quando um tropeiro[7], indo ao Hotel Chic levar encomenda de boca, espalhou que o sujeitão do charuto era um perseguido da Justiça, que matava pelo gosto de ver de que lado o cristão[8] caía:

— Vou simbora[9], que esse capitão é o capeta.

E foi. Atrás da poeira do tropeiro, a fama de Quirino Dias cresceu. No Hotel Chic, o melhor prato era para seu dente, o melhor doce era para sua língua. De tarde, em cadeira de palhinha, o capitão montava a sua pessoa na porta da rua. Pedras Altas[10] passava por ele de cabeça baixa, acanhada, fazendo questão de salvar o pistoleiro.

E no dia em que bebeu cachaça, com pólvora, na vista de todo o Hotel Chic, então não teve mais tamanho a sua fama. Bebeu e disse:

— Tenho trabalho longe. Só volto na semana entrante[11].

No quarto, remexeu o baú, limpou a garrucha e sumiu nas patas de seu brasino[12]. O povo comentou:

— É viagem de tocaia[13].

Foi e voltou dentro do tempo estipulado. De novo montou seu charuto na porta do Hotel Chic. Com o rolar dos dias, o capitão ficou mais exigente. Uma tarde, como não apreciasse o canto choco de certo galo capão, foi ao quarto, mexeu no baú e despejou dois tiros no infeliz. Fez o mesmo com um bem-te-vi que gozava as suas tardes fagueiras em galho de jaqueira. Desde essa precisa hora em diante, toda vez que o capitão ameaçava recorrer ao baú, Pedras Altas tremia:

— Capitão, não faça isso, capitão, tenha dó.

A bem dizer, a cidadezinha era dele. Seus pedidos de dinheiro corriam nas pernas dos moleques de leva e traz. E era quem mais queria municiar o capitão, no medo de que fosse ao baú. Ele mesmo dizia pelo canto desocupado da boca:

— Não abro aquela peça sem ganho.

Aconteceu, então, o caso da onça. A notícia veio ligeira e ligeira parou no Hotel Chic. A pintada fazia e acontecia, comia bezerro com casco e tudo. O recadeiro mediu o tamanhão da bichona:

— É de porte alentada, para mais de duzentas arrobas.

Pedras Altas riu da onça, da desgraça da onça. Tanto pasto para vadiar e logo onde veio a pobre tirar carta de brabeza! Em Pedras Altas do Capitão Quirino Dias! Pepito Rosa, dono de um comercinho de cachaça, riu da pouca sorte da onça:

— Vai ser azarada assim na casa dos capetas.

Uma embaixada de coronéis, com todos os seus pertences, na mesma tarde, foi pedir a Quirino Dias providências contra a onça. Logo na abertura da conversa, o capitão arregalou os olhos e gritou:

— Onça? Está dando onça em Pedras Altas? Socorro! Quero lá saber disso!

E a cidade inteira viu assombrada, de queixo caído, o pistoleiro sumir de ladrão, fugindo nos cascos de seu cavalo. Nem teve tempo de levar o baú, uma peça de folha onde o capitão guardava suas bugigangas – pentes, rendinhas, frascos de cheiro, alfinetes e águas de moça. Quirino Dias era caixeiro-viajante.

José Cândido de Carvalho. In: Herberto Sales (Org.) *Antologia escolar de crônicas*. Rio de Janeiro: Edições de Ouro, 1981.

Comentários

1. Chuva intermitente.
2. Arreio. As adjetivações "boa sela" e "melhor estribo" são elementos caracterizadores da personagem.
3. Nessa frase, o autor capta outro detalhe que reforça a atitude de orgulho, altivez, arrogância e valentia que caracteriza a personagem.
4. Valente, corajosa.
5. Posto militar ou título oficial.
6. Confirmou-se.
7. Indivíduo que compra e vende tropas de gado, mulas ou cavalos.
8. Pessoa; ser humano.
9. Forma contraída da linguagem coloquial: "vou-se embora": vou-me embora, vou embora. O pronome "me" é expletivo, não exerce nenhuma função.
10. Observe que o autor usa o nome da cidade, Pedras Altas (todo), para se referir a uma ação realizada pelos seus moradores, pelos seus habitantes (parte).
11. Que está para começar.
12. Cavalo de pelo avermelhado.
13. Viagem para espreitar o inimigo, com a finalidade de matá-lo.

Estudo do texto

A história do texto "O valente" gira em torno de uma personagem central: Quirino Dias. Ao apresentá-lo nos primeiros parágrafos, o narrador seleciona ações e características que revelam dois traços dessa personagem: *valentia* e *orgulho*.

- Em boa sela e melhor estribo veio ele.
- Falava pelo canto da boca – do outro lado a brasa do seu charuto espiava o mundo.
- No Hotel Chic, tirando uma pesada e alentada garrucha, deu nome e patente:
  — Sou o Capitão Quirino Dias.
- Mandou que arrumassem o seu baú de viagem dentro do maior cuidado:
  — É tudo munição, coisa de muita responsabilidade.
- bebeu cachaça, com pólvora, na vista de todo o Hotel Chic.
- Uma tarde, como não apreciasse o canto choco de certo galo capão, foi ao quarto, mexeu no baú e despejou dois tiros no infeliz. Fez o mesmo com um bem-te-vi que gozava as suas tardes fagueiras em galho de jaqueira.

Há várias formas de criar suspense numa história. No texto, o narrador, embora saiba tudo sobre as personagens (ações, falas, pensamentos, sentimentos, passado, presente e futuro), esconde do leitor uma característica fundamental do capitão Quirino Dias: a profissão de caixeiro-viajante.

Quirino Dias, ao mesmo tempo que age como pistoleiro, fala também como caixeiro-viajante.

— Tenho trabalho longe. Só volto na semana entrante.

Como pistoleiro, Quirino Dias podia estar pretendendo dizer que tinha de matar alguém. Mas essa frase também pode ser interpretada como a fala de um caixeiro-viajante que iria vender mercadorias em lugar distante.

A profissão da personagem é revelada pelo narrador somente no final da história. Pode-se dizer que o leitor é "enganado" pelo narrador, assim como a personagem ludibriou os habitantes de Pedras Altas.

Produção de textos

No texto "O valente", o autor, para criar suspense, omite um detalhe sobre a personagem, revelando-o ao leitor somente no final do texto.

Invente você também uma história com suspense. Sua história será tanto mais atraente quanto mais conseguir prender a atenção do leitor.

Ficha 6

SUSPENSE

Autor(a): _____ Data: ___/___/___

Planejamento

Antes de começar a escrever, planeje os dados principais de sua história, com base no roteiro a seguir.

1. Fatos (resumo da história):
   _____
   _____
   _____
   _____

2. Personagens (nome e principais características):
   _____
   _____

3. Conflito:
   _____

4. Enredo:
   _____

5. Foco narrativo:
   _____

Escrita

Enquanto estiver escrevendo a história, procure apresentar detalhes expressivos de cenas ou momentos importantes. Não tenha pressa em contar tudo ao leitor. Deixe que ele use a imaginação para desvendar o que pode acontecer.

_____
_____
_____
_____
_____
_____
_____
_____

Revisão

O aspecto fundamental que deve ser verificado, na revisão da sua história, é a criação do suspense. Ele não depende só da sequência dos fatos, mas, sobretudo, da maneira como o autor conta ao leitor os acontecimentos. Uma história bem contada desperta sempre uma pergunta: "E depois?". Verifique se seu texto consegue isso.

Roteiro de revisão	Avaliação do autor		Avaliação do leitor	
	SIM	NÃO	SIM	NÃO
Gênero textual				
1. O texto omite algum detalhe dos acontecimentos para criar um efeito de suspense?				
2. Apresenta elementos próprios do discurso narrativo?				
Coerência				
1. Estabelece relação lógica entre os fatos apresentados no texto?				
2. O encadeamento dos fatos narrados consegue prender a atenção do leitor até o final da narrativa?				
Coesão				
1. Emprega recursos linguísticos que dão continuidade ao texto?				
2. Constrói frases claras e com vocabulário adequado?				
Adequação à norma-padrão				
1. O texto respeita:				
a) as convenções da escrita (ortografia e acentuação)?				
b) as normas gramaticais (pontuação, concordância, regência, colocação)?				
Edição do texto				
1. O texto apresenta:				
a) legibilidade?				
b) uniformidade de margens?				
c) ausência de rasuras?				

Comentários do leitor (professor ou colega):

_____
_____
_____
_____
_____
_____

Autor(a): _____

Reescrita

Edição final

Prepare a edição de seu texto para ser publicado no livro de histórias. Se houver possibilidade, digite-o em um processador de textos e ilustre-o.

Projeto C

FÓRUM DE IDEIAS

Objetivo

Neste projeto, você e os colegas vão conhecer e escrever vários textos dissertativos que culminarão na realização de um seminário em que será debatido um tema da atualidade.

Estratégias

Para isso, vocês refletirão sobre alguns temas e conhecerão a organização de um texto dissertativo.

Encerramento

Este projeto se encerrará com a apresentação do seminário que será organizado por você em conjunto com os colegas de turma.

1. Dissertação
2. Assunto, ponto de vista e objetivo
3. Tese
4. Estrutura do parágrafo
5. Dissertação expositiva
6. Dissertação argumentativa
7. Editorial
8. Artigo de opinião
9. Seminário

1 DISSERTAÇÃO

Todos os dias precisamos escrever. Escrevemos para realizar um trabalho, para dar uma informação a nossos colegas, para não esquecer itens de uma lista de compras, para nos comunicarmos com alguém... Escrevemos, pois, em muitas situações. E, como é natural, não escrevemos sempre da mesma maneira.

- Às vezes escrevemos para nós mesmos, e o fazemos com diferentes intenções: para recordar, para nos entreter, para compreender...

- Outra vezes escrevemos para outras pessoas, e também o fazemos com intenções diferentes: para informar ou refletir sobre algo, para comentar um fato, para as convencer de alguma coisa, para as orientar sobre o que devem fazer, para nos relacionar com elas, para as divertir...

Ao escrevermos para refletir, comentar ou convencer as pessoas sobre qualquer aspecto da realidade física ou emocional, estamos produzindo um tipo de texto chamado **dissertativo**.

Vamos conhecê-lo.

TEXTO 1

Vira-lata ganha medalha de honra por salvar crianças

Catita foi homenageada pela Sociedade Internacional Protetora dos Animais

RIO – A cadela vira-lata Catita, que salvou duas crianças do ataque de um cão da raça *pit-bull*, na última terça-feira, em Campos, no norte fluminense, foi homenageada ontem pela Sociedade Internacional Protetora dos Animais com uma medalha de honra ao mérito.

Os filhotes de Catita ainda estão à venda e os interessados devem procurar Elizabeth Tavares, na Rua Operário Campista, 27, Parque São Caetano. Ela é tia de Lucas Martins, de 4 anos, que teve de ser submetido a duas cirurgias reparatórias no rosto, após o ataque do *pitt-bull* na terça-feira. Apesar de ainda assustado, o menino passa bem.

No dia do acidente, Lucas e o irmão Leandro, de 10 anos, brincavam em frente da casa da avó, quando foram atacados. Quando ouviu os gritos das crianças, Catita largou os cinco filhotes, aos quais estava amamentando, para socorrê-las. Lucas teve o lado esquerdo do rosto mutilado e Leandro sofreu ferimentos em diversas partes do corpo.

O dono do *pitt-bull*, o estudante de Direito Rodrigo Vasconcelos, foi indiciado por lesão corporal culposa. Ele desistiu de sacrificar o cão e disse que vai levá-lo para um sítio.

Felipe Werneck. *O Estado de S.Paulo*, São Paulo, 27 fev. 1999.

TEXTO 2

Sua excelência, a vira-lata

Ao resgatar duas crianças atacadas por um *pit-bull*, a cadela vira-lata Catita arriscou a vida, emocionou a nação e virou heroína.

Num país que, nas últimas semanas, pouco ou quase nada tem a comemorar, enfiado num descrédito generalizado, o gesto de Catita lavou, por alguns momentos, a alma nacional.

Daí se tem uma medida do clima em que vivemos – um animal não encontra competidor público entre os humanos.

Gilberto Dimenstein. *Folha de S.Paulo*, São Paulo, 28 fev. 1999.

Estudo do texto

Os textos que você acabou de ler tratam do mesmo assunto.

Qual a intenção do autor no texto "Vira-lata ganha medalha de honra por salvar crianças"? E no texto "Sua excelência, a vira-lata"?

Classifique-os entre narrativo ou dissertativo.

Narração

Numa primeira perspectiva – Texto 1 –, o autor conta sobre a homenagem recebida por uma cachorra vira-lata por salvar dois meninos do ataque de outro cachorro.

Para isso, ele organiza o texto da seguinte forma:

a) focaliza uma **personagem principal**: cadela vira-lata Catita.

> A **cadela** vira-lata Catita, que salvou duas crianças do ataque de um cão da raça *pit-bull* [...]

b) acompanha o conjunto de ações que essa personagem realiza: **fatos**.

> [...] **foi homenageada**.
> No dia do acidente, Lucas e o irmão Leandro, de 10 anos, brincavam em frente da casa da avó, quando foram atacados. Quando ouviu os gritos das crianças, Catita **largou** os cinco filhotes, aos quais estava **amamentando**, para **socorrê-las**.

c) situa esses fatos num determinado **tempo**.
d) situa esses fatos num determinado **lugar**.

> A cadela vira-lata Catita, que salvou duas crianças do ataque de um cão da raça *pit-bull*, na última **terça-feira**, em **Campos, no norte fluminense**, foi homenageada **ontem** pela Sociedade Internacional Protetora dos Animais com uma medalha de honra ao mérito.

O tipo de texto que tem o objetivo de contar um fato ocorrido com uma personagem num determinado tempo e lugar é uma **narração**.

Dissertação

Numa segunda perspectiva – Texto 2 –, o autor comenta e analisa o comportamento da cadela comparando-a aos seres humanos e ao momento vivido, de acordo com sua opinião. Para isso, ele expõe a própria opinião a respeito do que acontece, levantando hipóteses, fazendo perguntas.

> [...] a cadela vira-lata Catita arriscou a vida, emocionou a nação e virou heroína. Num país que, nas últimas semanas, pouco ou quase nada tem a comemorar, enfiado num descrédito generalizado, [...] um animal não encontra competidor público entre os humanos.

Nesse tipo de texto predomina uma postura avaliativa, um julgamento em relação ao que acontece ou ao que existe.

O tipo de texto que tem o objetivo de comentar, analisar, julgar o que existe (realidade) e o que acontece (fato) é denominado **dissertação**.

Produção de textos

1. As redações exigidas no Exame Nacional do Ensino Médio (Enem) e nos principais vestibulares devem ser escritas em forma de dissertação. O tema da redação do Enem 2018 foi "Manipulação do comportamento do usuário pelo controle de dados na internet".

Leia a seguir uma das redações que tirou nota máxima.

> Sob a perspectiva de uma revolução Tecno-Científico-Informacional, vive-se o auge da evolução humana em sua relação com a tecnologia, em que se destaca a ascensão do papel da internet no cotidiano social. Entretanto, tal avanço não é apenas benéfico, de modo que a popularidade existente no uso das redes virtuais possibilitou seu aproveitamento malicioso para que ela atue como um meio influenciador de comportamentos. Nesse contexto, configura-se um quadro alarmante correlacionado ao potencial de manipulação do usuário por meio do controle dos dados expostos a ele, o que decorre de interesses organizacionais e gera um processo de alienação social. Em um primeiro plano, é imperioso ressaltar que a busca por adesão a um interesse financeiro ou ideológico intensifica o controle da internet como um formador comportamental. De acordo com as pesquisas dos sociólogos Adorno e Horkheimer sobre Indústria Cultural, as mídias digitais possuem uma grande capacidade de atuar como formadoras e moldadoras de opinião. Assim, com o aumento abrupto do uso das redes virtuais, diversas organizações usufruem desse poder em prol de atingir sua causa com a imposição de informações selecionadas as quais limitam a escolha do usuário. Essa seleção permite que empresas comerciais, por exemplo, atraiam um mercado consumidor maior e ampliem suas vendas ao restringir as opções de compra ao perfil do indivíduo, que, em vez de escolher, apenas obedece ao sistema. Ademais, governos autoritários também se aproveitam do potencial manipulador para permitir que somente notícias favoráveis a sua ideologia possam ser acessadas pelos seus cidadãos, o que evita rebeliões. Depreende-se, pois, a privação da liberdade pessoal pelo direcionamento de comportamentos no meio digital.
>
> Sob outro prisma, é válido analisar que o controle de dados na internet fomenta a alienação da sociedade. Essa problemática ocorre porque, quando conteúdos previamente selecionados, descontextualizados ou alterados são a maior parte das informações acessíveis ao público, este passa a reproduzir os comportamentos esperados pelos órgãos manipuladores e influencia as pessoas ao seu redor por apresentar tais fatos como verdades, o que gera um estado de desinformação. Nesse viés, percebe-se que a seleção informacional como um meio alienante antecede a internet, de modo a ser visto, por exemplo, no período ditatorial do Brasil, que, ao censurar notícias negativas sobre o panorama do país, criou a ideia de uma nação livre de problemas sociais, econômicos e de segurança. Infere-se, então, que o uso maléfico da internet na moldagem de opiniões por meio de ações controladoras propicia uma redução na capacidade de senso crítico da comunidade.
>
> Torna-se evidente, portanto, a complexa situação que envolve a manipulação do indivíduo com a seleção de dados na rede virtual. Para amenizar o quadro, cabe ao Poder Legislativo reformular o Marco Civil, que é responsável por regularizar o uso do meio digital. Essa medida deverá ocorrer por intermédio da inclusão de uma cláusula a qual irá reforçar os limites no controle dos conteúdos expostos, de forma a ampliar o espectro de escolhas do usuário. Tal ação objetiva impedir que a internet seja utilizada para a moldagem de comportamentos.
>
> Julia Celem.

A dissertação que você acabou de ler pode ser dividida em três partes: **introdução**, **desenvolvimento** e **conclusão**.

Na **introdução** (1º parágrafo), a autora expõe com clareza o tema do texto: a manipulação do comportamento do usuário pelo controle de dados na internet. Isso pode ser comprovado pelo trecho: "Nesse contexto, configura-se um quadro alarmante correlacionado ao potencial de manipulação do usuário por meio do controle dos dados expostos a ele, o que decorre de interesses organizacionais e gera um processo de alienação social.".

No **desenvolvimento** (2º parágrafo), a candidata apresenta seu ponto de vista: o controle de dados na internet reduz o senso crítico das pessoas, tornando-as alienadas. Para reforçar esse posicionamento, ela usa dois argumentos:

- ela explica como isso acontece ("quando conteúdos previamente selecionados, descontextualizados ou alterados são a maior parte das informações acessíveis ao público, este passa a reproduzir os comportamentos esperados pelos órgãos manipuladores e influencia as pessoas ao seu redor por apresentar tais fatos como verdades, o que gera um estado de desinformação.");
- salienta que a manipulação das informações já existia antes da internet, citando como exemplo o período de regime militar no Brasil, mostrando como essa restrição de informações gerou uma falsa percepção da realidade ("Nesse viés, percebe-se que a seleção informacional como um meio alienante antecede a internet, de modo a ser visto, por exemplo, no período ditatorial do Brasil, que, ao censurar notícias negativas sobre o panorama do país, criou a ideia de uma nação livre de problemas sociais, econômicos e de segurança.").

Na conclusão (3º parágrafo), a autora sintetiza o problema tratado no texto ("a complexa situação que envolve a manipulação do indivíduo com a seleção de dados na rede virtual"), reforça seu ponto de vista (é necessário "impedir que a internet seja utilizada para a moldagem de comportamentos") e propõe uma solução para o problema ("Para amenizar o quadro, cabe ao Poder Legislativo reformular o Marco Civil, que é responsável por regularizar o uso do meio digital. Essa medida deverá ocorrer por intermédio da inclusão de uma cláusula a qual irá reforçar os limites no controle dos conteúdos expostos, de forma a ampliar o espectro de escolhas do usuário.").

2. Leia o poema.

O bicho

Vi ontem um bicho
Na imundície do pátio
Catando comida entre os detritos.

Quando achava alguma coisa,
Não examinava nem cheirava:
Engolia com voracidade.

O bicho não era um cão.
Não era um gato
Não era um rato.

O bicho, meu Deus, era um homem.

Manuel Bandeira. *Obra completa*. Rio de Janeiro: José Aguilar, 1967.

Identifique o problema humano abordado no poema e escreva um texto dissertativo expondo sua opinião sobre ele.

Ficha 1

DISSERTAÇÃO

Autor(a): _____ Data: ___/___/___

Planejamento

Organize suas ideias.

Antes de começar a escrever seu texto, defina alguns tópicos que podem ajudá-lo nessa organização:

1. **Assunto**: qual é o tema que você vai abordar em seu texto?
_____
_____

2. **Ponto de vista**: especifique, a respeito desse assunto, um aspecto particular que você vai tratar.
_____
_____

3. **Objetivo**: o que você pretende com esse texto?
_____
_____

4. **Opinião**: com base no assunto, no ponto de vista e no objetivo selecionados, escreva uma frase que sintetize sua opinião.
_____
_____
_____

5. **Argumentos**: quais argumentos você vai usar para justificar sua opinião?
_____
_____
_____
_____

6. **Conclusão**: com base na sequência do texto, o que você pode concluir?
_____
_____
_____

Escrita

Ao escrever o texto dissertativo, tome dois cuidados: 1º) Tudo o que você escrever deve estar relacionado ao ponto de vista expresso. 2º) Não faça afirmações soltas; sempre releia o que escreveu para que seu texto tenha continuidade e unidade.

Revisão

Escrever é um ato social. Por meio da escrita, nossas ideias são impressas e transmitidas às pessoas que leem nosso texto. Você escreve, portanto, para ser lido. Por este motivo, o texto final deve ser produto de muita análise. Nesta fase, você se tornará leitor crítico do próprio texto. Para que seu trabalho de revisão e reescrita de texto seja organizado, guie-se pelos itens do **Roteiro de revisão**.

Roteiro de revisão	Avaliação do autor		Avaliação do leitor	
	SIM	NÃO	SIM	NÃO
Gênero textual				
1. O texto apresenta introdução, desenvolvimento e conclusão que fundamentam uma reflexão pertinente ao tema?				
Coerência				
1. Seleciona informações, fatos e opiniões que se relacionam, com coerência, ao ponto de vista apresentado sobre o tema proposto?				
Coesão				
1. Emprega recursos linguísticos que dão continuidade ao texto?				
2. Constrói frases claras e com vocabulário preciso e adequado?				
Adequação à norma-padrão				
1. O texto respeita: a) as convenções da escrita (ortografia e acentuação)? b) as normas gramaticais (pontuação, concordância, regência, colocação)?				
Edição do texto				
1. O texto apresenta: a) legibilidade? b) uniformidade de margens? c) ausência de rasuras?				

Comentários do leitor (professor ou colega):

_____
_____
_____
_____
_____
_____
_____

Autor(a): _____

Oficina de escritores • 9º ano • Projeto C: Fórum de ideias

Reescrita

Edição final

Digite seu texto no computador e arquive-o. Publique-o na internet, em um *blog* (pessoal ou da classe) ou em um *site*.

2 ASSUNTO, PONTO DE VISTA E OBJETIVO

Todo texto dissertativo trata de determinado **assunto**. Ao escrever o texto, o autor deve definir claramente o assunto que o texto vai abordar. É importante que você, seja como leitor, seja como produtor do texto, saiba identificar o assunto do texto que está lendo ou daquele que vai produzir.

Saber qual é o assunto sobre o qual você vai escrever é importante, mas não é tudo. Também é fundamental conhecer outro aspecto: o **ponto de vista**.

O ponto de vista constitui o ângulo com base no qual o autor observa, sente e analisa determinado problema. Assim como na composição de uma história a escolha do foco narrativo é decisiva para a organização do texto, na dissertação o ponto de vista é requisito essencial para a organização e seleção das ideias.

Além de selecionar um ponto de vista, outro requisito importante na composição de uma dissertação é determinar o **objetivo** do texto. O autor, ao escrever um texto dissertativo, deve ter claramente definido o que pretende desenvolver. O objetivo selecionado deve constituir-se no elemento monopolizador de suas reflexões. Em torno dele e com base nele o texto será estruturado.

Assunto

> Antigamente o homem tinha a impressão de que os recursos da natureza eram infinitos. Por exemplo, o caçador de mamutes via tantos deles e só conseguia capturar um ou outro, entendendo assim que seu número era infindável. A noção de que a natureza é infinita mudou a partir do momento em que o homem, dominando a técnica, fabricou máquinas capazes de, em poucos dias, destruir uma floresta; ou, indo a extremos, acabar com o mundo em minutos caso resolva experimentar algumas de suas bombas atômicas.
>
> Sabemos agora que os recursos materiais da Terra têm fim e que, se a agressão ao meio ambiente continuar, em poucos anos o planeta não será capaz de assimilar tanta "pancada". E tudo indica que, para resolver o problema da sobrevivência do homem, é preciso mudar as formas de exploração da própria natureza que o alimenta – de tudo: ar, água, matéria-prima, tudo.
>
> A Terra é frágil. Melhor, ficou frágil. Antigamente, quando caçava mamutes, o homem tinha medo da natureza: raios e trovões, inundações, rios e mares enormes, frio e calor. O homem não conhecia a natureza. À medida que a foi conhecendo, também a foi aniquilando, a tal ponto que a situação se inverteu: hoje ele tem medo da própria delicadeza da Terra, enfraquecida diante de sua hostilidade, com seus mecanismos naturais de autorregeneração destruídos pela capacidade desmedida.
>
> Declaramos guerra à natureza e somos os perdedores ao vencê-la. Se a tratássemos com amor, ela poderia ser infinita, desde que não fosse saqueada ao extremo de sua resistência e capacidade regenerativa.
>
> Júlio José Chiavenato. *O massacre da natureza*. 11. ed. São Paulo: Moderna, 2005.

O texto que você acabou de ler trata de um **assunto**: a relação do homem com a natureza.

Para **analisar** o assunto do texto, o autor traça um paralelo entre a atitude do homem primitivo (a natureza era infinita) e a do homem atual (a natureza é finita e frágil).

O autor **conclui** que, se o homem tratasse a natureza com amor, ela poderia continuar infinita pela capacidade regenerativa.

Ponto de vista

Digamos que você fosse tratar do seguinte assunto: **a televisão**. Você pode tratar desse assunto apoiado em vários pontos de vista.

Diagrama 1 (TELEVISÃO): A TV e a realidade; Os comerciais; As novelas e a TV; A criança e a TV; A TV e o cinema; A história da TV; A violência na TV; A influência da TV nos hábitos da população; A TV e o livro.

Diagrama 2 (TELEVISÃO): A TV e a realidade.

Esses são alguns dos muitos pontos de vista possíveis nos quais você pode se basear para discutir sobre a televisão.

Ao escrever uma dissertação, o autor deve selecionar um ponto de vista para tratar do assunto.

No texto a seguir, o autor, para tratar da televisão, selecionou um ponto de vista: **a relação entre a TV e a realidade**.

A televisão, apesar de nos trazer uma imagem concreta, não fornece uma reprodução fiel da realidade. Uma reportagem de tevê, com transmissão direta, é o resultado de vários pontos de vista: 1) do realizador, que controla e seleciona as imagens num monitor; 2) do produtor, que poderá efetuar cortes arbitrários; 3) do *cameraman*, que seleciona os ângulos de filmagem; finalmente, de todos aqueles capazes de intervir no processo de transmissão. Por outro lado, alternando sempre os *closes* (apenas o rosto de uma personagem no vídeo, por exemplo) com cenas reduzidas (a vista geral de uma multidão), a televisão não dá ao espectador a liberdade de escolher o essencial ou o acidental, ou seja, aquilo que ele deseja ver em grandes ou pequenos planos. Dessa forma, o veículo impõe ao receptor a sua maneira especialíssima de ver o real.

Muniz Sodré. *A comunicação do grotesco*. Petrópolis: Vozes, 1977.

Objetivo

Suponhamos que o assunto de seu texto sejam as favelas, também conhecidas como comunidades. Inicialmente, você deve selecionar o ponto de vista, isto é, o foco que orientará o desenvolvimento do texto. Observe alguns pontos de vista possíveis.

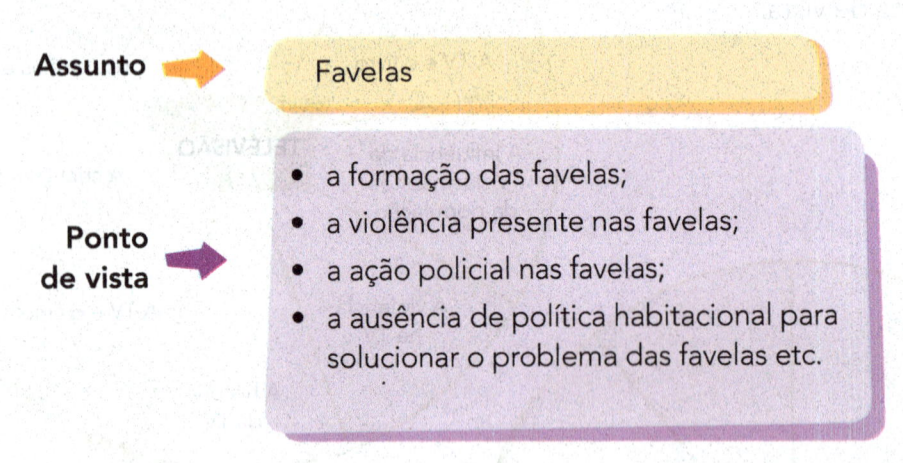

Assunto ➡ Favelas

Ponto de vista ➡
- a formação das favelas;
- a violência presente nas favelas;
- a ação policial nas favelas;
- a ausência de política habitacional para solucionar o problema das favelas etc.

Selecionado o ponto de vista, você deve pensar no que pretende com o texto. Digamos que tenha selecionado o seguinte ponto de vista: **a formação das favelas**. Com base nesse ponto de vista, você pode desenvolver o texto de acordo com um dos objetivos a seguir.

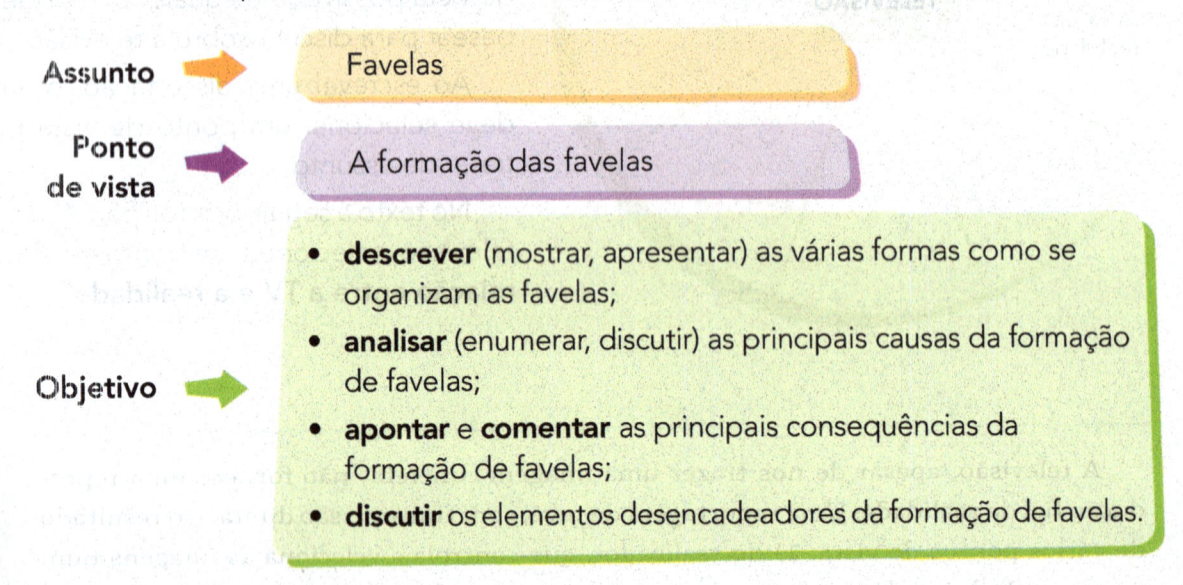

Assunto ➡ Favelas

Ponto de vista ➡ A formação das favelas

Objetivo ➡
- **descrever** (mostrar, apresentar) as várias formas como se organizam as favelas;
- **analisar** (enumerar, discutir) as principais causas da formação de favelas;
- **apontar** e **comentar** as principais consequências da formação de favelas;
- **discutir** os elementos desencadeadores da formação de favelas.

De acordo com o objetivo selecionado, será desenvolvido o texto.
Veja a concretização dessa organização no texto a seguir.

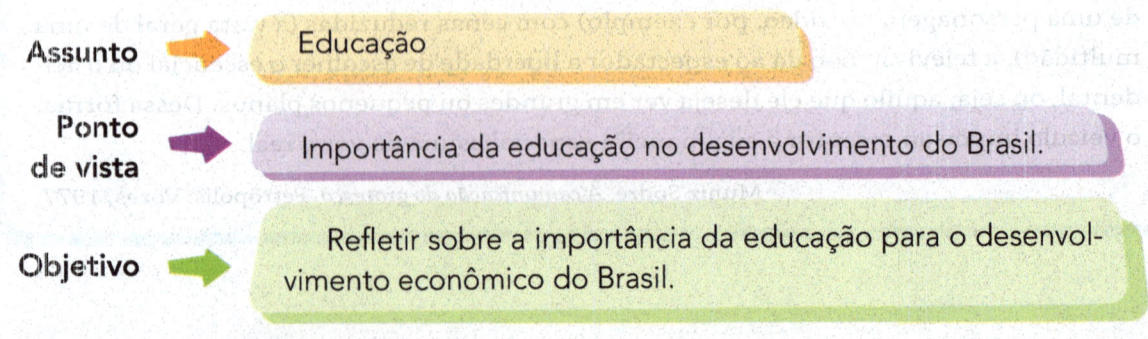

Assunto ➡ Educação

Ponto de vista ➡ Importância da educação no desenvolvimento do Brasil.

Objetivo ➡ Refletir sobre a importância da educação para o desenvolvimento econômico do Brasil.

A importância da educação para o desenvolvimento do país

Por Redação — 14 de junho de 2019

Por que a educação é fundamental para o desenvolvimento de um país? Para responder essa pergunta, é necessário primeiro definir o que consideramos desenvolvimento. Desde a Cúpula das Nações Unidas de setembro de 2015, os Objetivos de Desenvolvimento Sustentável (ODS) têm dado o tom a este debate, com uma agenda que, para além do discurso econômico, dá luz à erradicação da pobreza e redução das desigualdades, preservação do planeta, padrões sustentáveis de produção e consumo, garantia de direitos à saúde e educação, entre outros.

Em 17 pontos elencados para serem atingidos até 2030, o Objetivo 4 determina que será preciso "garantir educação inclusiva para todos e promover oportunidades de aprendizagem equitativa e de qualidade ao longo da vida". Portanto, para seu desenvolvimento pleno, um país tem que assegurar o direito à educação de qualidade para todas e todos.

E como está o Brasil nesse caminho de concretizar o Objetivo 4 dos ODS? Embora o gasto em Educação no Brasil em termos de percentagem do Produto Interno Bruto (PIB) tenha se destacado como um dos mais altos entre os países membros e não membros da OCDE, nosso gasto por aluno ainda é um dos mais baixos, sobretudo na Educação Básica. A divulgação do último Índice de Desenvolvimento da Educação Básica (Ideb) mostrou onde temos conseguido avanços significativos, e ao mesmo tempo as grandes desigualdades que ainda nos marcam. Por exemplo, são evidentes as desigualdades de aprendizagem entre estudantes por nível socioeconômico das escolas, embora haja alguns Estados que estejam conseguindo reduzir esse abismo com sucesso. De forma geral, as disparidades regionais persistem.

Por outro lado, considerando que o município acaba sendo o elo mais frágil do nosso sistema federativo – inclusive em termos de recursos disponíveis – merece atenção o sucesso das redes municipais em alcançar suas metas educacionais onde justamente houve uma maior colaboração entre Estado e municípios, e/ou entre municípios de uma mesma região. São experiências importantes que precisam continuar inspirando iniciativas semelhantes nos próximos anos. Como desenvolvimento sustentável não se constrói sem redução de desigualdades, a qualidade da nossa educação pública precisa estar diretamente associada à sua capacidade de oferecer uma ótima escola para todos. Envolve a redução tanto das desigualdades entre redes e suas escolas, quanto as existentes dentro de cada escola; e em suas mais distintas manifestações, como por nível socioeconômico, raça, pessoas com deficiência, gênero e região geográfica. Trata-se de investir de forma sistêmica em áreas-chave como a valorização e formação de professores e gestores escolares, desenvolvimento de proposta curricular, recursos financeiros e capacidade gerencial, mobilização e liderança. Em termos de liderança, precisamos dela não apenas nos escalões do Executivo e no Legislativo. Tomada de decisão também acontece no dia a dia do fazer da escola, de quem está mais próximo do estudante. Nesse sentido, o engajamento de professores e demais membros da comunidade escolar é fundamental. Uma recente pesquisa nacional com docentes mostrou como querem ser bem mais escutados e envolvidos nas políticas e programas educacionais.

Não pode haver qualidade na educação sem equidade, da mesma forma que não há desenvolvimento sustentável sem educação. As novas lideranças e equipes que assumiram o Executivo e o Legislativo precisam estar prontas para esse desafio, se inspirando nas experiências de sucesso, inovando sem descontinuar o que tem funcionado bem nas gestões anteriores. Enquanto sociedade civil, precisamos nos manter ativos na cobrança para que promessas se concretizem, mas também no nosso papel específico de colaborar nos esforços de melhoria da educação pública em nosso país. Mesmo tendo avançado, não podemos perder os ganhos obtidos, tampouco desacelerar o ritmo de transformação, tão urgente para os próximos anos.

* Patricia Mota Guedes é gerente de Pesquisa e Desenvolvimento do Itaú Social

Disponível em: https://anoticiadoceara.com.br/noticias/educacao/a-importancia-da-educacao-para-o-desenvolvimento-do-pais/. Acesso em: 14 jun. 2020.

Produção de textos

Escolha uma das propostas abaixo para escrever seu texto.

1. Escreva um texto com base no assunto, no ponto de vista e no objetivo selecionados de cada item.

   a) **Assunto:** leitura
   Ponto de vista: a importância da leitura no mundo moderno
   Objetivo: mostrar que somente com o domínio da leitura o indivíduo tem condições de participar ativamente do mundo moderno

   b) **Assunto:** as redes sociais
   Ponto de vista: mudanças na vida social e cultural
   Objetivo: discutir as mudanças sociais e culturais produzidas pelas redes sociais

   c) **Assunto:** liberdade
   Ponto de vista: o que é ser livre e formas de liberdade
   Objetivo: possibilidades de liberdade e formas de respeito às liberdades individuais

   d) **Assunto:** ensino universitário
   Ponto de vista: acesso para o ingresso na universidade pública: a questão das cotas
   Objetivo: apresentar argumentos relacionados às cotas para o ingresso nas universidades públicas

2. Escolha um assunto, selecione um ponto de vista e estabeleça um objetivo adequado. Com base neles, escreva um texto dissertativo sobre um destes assuntos:

   a) Drogas
   b) Violência
   c) Corrupção
   d) Sustentabilidade

Ficha 2

ASSUNTO, PONTO DE VISTA E OBJETIVO

Autor(a): _____ Data: ___/___/___

Planejamento

Antes de começar a escrever seu texto, defina alguns tópicos que podem ajudá-lo:

1. **Assunto**: qual é o tema que você vai abordar em seu texto?
_____
_____

2. **Ponto de vista**: especifique um aspecto particular do assunto que você vai tratar.
_____
_____
_____

3. **Objetivo**: o que você pretende com seu texto?
_____
_____
_____

4. **Opinião**: com base no assunto, no ponto de vista e no objetivo selecionados, escreva uma frase que sintetize sua opinião.
_____
_____
_____

5. **Argumentos**: quais argumentos você vai usar para justificar sua opinião?
_____
_____
_____

6. **Conclusão**: com base na sequência do texto, o que você pode concluir?
_____
_____
_____
_____

Oficina de escritores • 9º ano • Projeto C: Fórum de ideias

Escrita

Ao escrever o texto dissertativo, tome dois cuidados: 1º) Tudo o que você escrever deve estar relacionado ao ponto de vista expresso. 2º) Não faça afirmações soltas; sempre releia o que escreveu para que seu texto tenha continuidade e unidade.

Revisão

O aspecto fundamental a ser observado nesta revisão é a unidade temática: tudo o que você escreveu deve estar ligado a uma ideia central. Observe também se as opiniões expressas no texto são acompanhadas de justificativa. Para os demais itens, guie-se pelo **Roteiro de revisão**.

Roteiro de revisão	Avaliação do autor		Avaliação do leitor	
	SIM	NÃO	SIM	NÃO
Gênero textual				
1. O texto apresenta introdução, desenvolvimento e conclusão que fundamentam uma reflexão pertinente ao tema?				
Coerência				
1. Seleciona informações, fatos e opiniões que se relacionam, com coerência, ao ponto de vista apresentado sobre o tema proposto?				
Coesão				
1. Emprega recursos linguísticos que dão continuidade ao texto?				
2. Constrói frases claras e com vocabulário preciso e adequado?				
Adequação à norma-padrão				
1. O texto respeita: a) as convenções da escrita (ortografia e acentuação)? b) as normas gramaticais (pontuação, concordância, regência, colocação)?				
Edição do texto				
1. O texto apresenta: a) legibilidade? b) uniformidade de margens? c) ausência de rasuras?				

Comentários do leitor (professor ou colega):

_____
_____
_____
_____
_____
_____
_____
_____

Autor(a): _____

Oficina de escritores • 9º ano • Projeto C: Fórum de ideias

Reescrita

Edição final

Digite seu texto no computador e arquive-o. Publique-o na internet, em um *blog* (pessoal ou da classe) ou em um *site*.

3 TESE

O texto dissertativo expressa a opinião do autor sobre determinado assunto.

A frase que traduz essa opinião é denominada tese. Todo texto dissertativo gira em torno dela.

Para chegar à tese, o autor escolhe um assunto, seleciona um ponto de vista e define o objetivo. Com base nesses três dados, ele formula sua tese.

Veja como isso ocorre no texto a seguir.

As relações entre o homem e a natureza e a crise socioambiental

O homem faz parte da natureza. [...] Toda a história humana diz respeito ao modo como os homens mantêm uma relação entre si e com a natureza externa a eles – o meio ambiente. Assim, ao longo da história, a raça humana vem criando diferentes modos de se relacionar com a natureza. Desde a pré-história, com a descoberta do fogo, da agricultura e da pecuária, a capacidade do homem de transformar e agir na natureza tem se tornado maior. Contudo, a partir da Revolução Industrial, a ação do homem sobre o meio ambiente tem se tornado cada vez mais insustentável e destrutiva. Apesar da situação preocupante do planeta, nem tudo está perdido. A educação ambiental aponta para uma solução: a conscientização ambiental e a construção de uma nova relação entre o homem e a natureza. Conhecendo melhor a crise ambiental que ameaça a sobrevivência de todas as espécies vivas, inclusive a dos seres humanos, as pessoas provavelmente irão interferir de forma diferente no meio ambiente [...] buscando alternativas possíveis para uma nova relação entre o homem e a natureza diferente de todas as anteriores: mais sustentável, equilibrada e duradoura.

Bruno Pinto de Albuquerque. *As relações entre o homem e a natureza e a crise socioambiental*. Rio de janeiro: Fiocruz, 2007. Diposnível em: http://www.epsjv.fiocruz.br/upload/monografia/13.pdf. Acesso em: 15 jun. 2020.

Estudo do texto

Destaque no texto os itens a seguir.

1. o assunto;
2. o ponto de vista;
3. o objetivo.

Com base no objetivo, o autor fez uma afirmação que traduz sua opinião a respeito do assunto. Esse tipo de frase chama-se **tese**.

Tese

> A ideia de que
>
> [...] a conscientização ambiental pode gerar a construção de uma nova relação entre o homem e a natureza [...]

Como a **tese** traduz uma opinião do autor sobre determinado assunto, deve ser demonstrada, comprovada. E é exatamente isso que o autor faz após tê-la anunciado: **comprovação**.

Comprovação

> [...] A partir da Revolução Industrial, a ação do homem sobre o meio ambiente tem se tornado cada vez mais insustentável e destrutiva. Apesar da situação preocupante do planeta, nem tudo está perdido. A educação ambiental aponta para uma solução: a conscientização ambiental e a construção de uma nova relação entre o homem e a natureza. [...]

Tendo demonstrado a tese, o autor chega a uma **conclusão**.

Conclusão

> [...] Conhecendo melhor a crise ambiental que ameaça a sobrevivência de todas as espécies vivas, inclusive a dos seres humanos, as pessoas provavelmente irão interferir de forma diferente no meio ambiente [...] buscando alternativas possíveis para uma nova relação entre o homem e a natureza diferente de todas as anteriores: mais sustentável, equilibrada e duradoura.

Esquema de composição

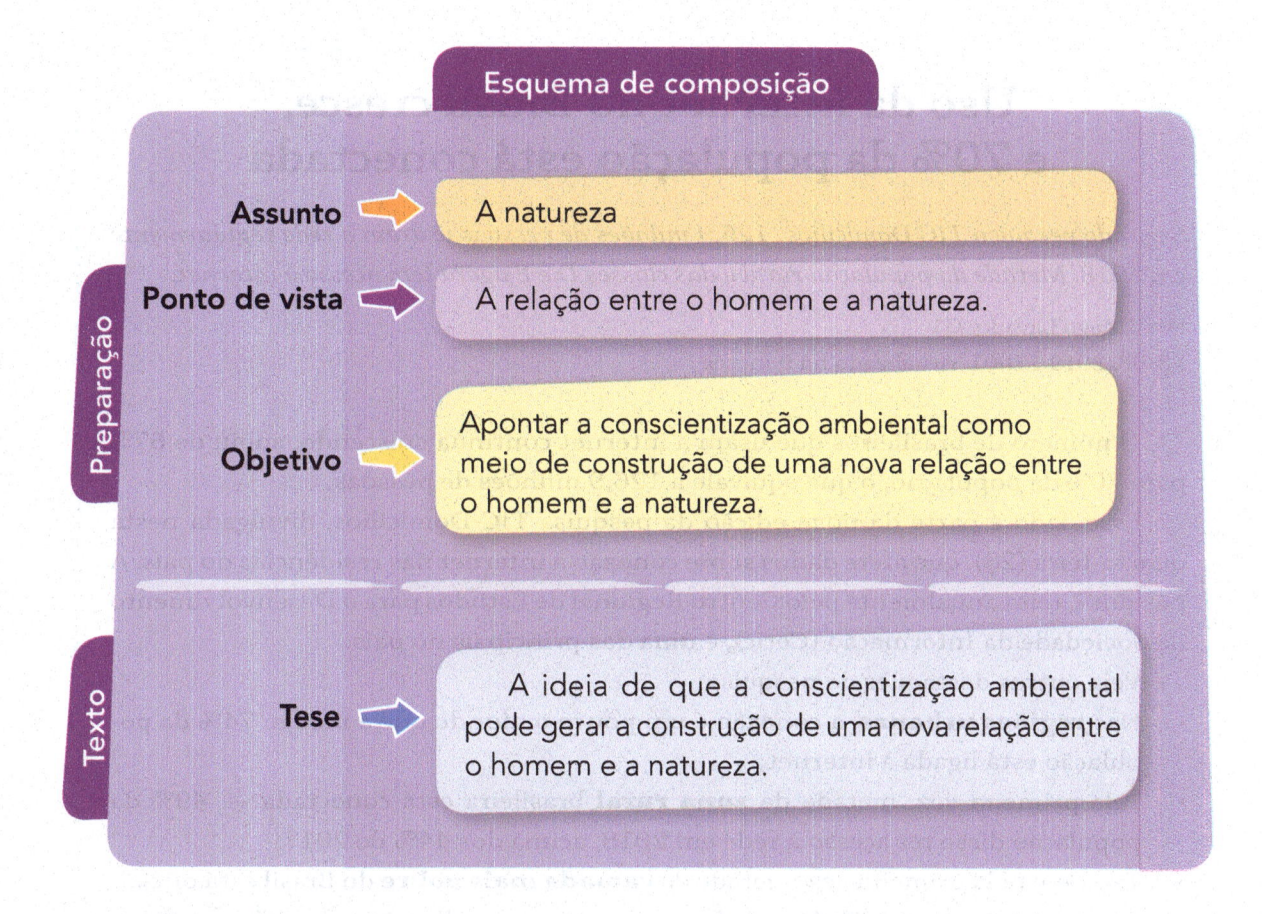

Preparação

- **Assunto** → A natureza
- **Ponto de vista** → A relação entre o homem e a natureza.
- **Objetivo** → Apontar a conscientização ambiental como meio de construção de uma nova relação entre o homem e a natureza.

Texto

- **Tese** → A ideia de que a conscientização ambiental pode gerar a construção de uma nova relação entre o homem e a natureza.

Produção de textos

1. Escolha um dos objetivos relacionados ao assunto e ao ponto de vista proposto.

   Assunto: poluição

   Ponto de vista: a poluição nos grandes centros urbanos

   Objetivos:

   a) Apontar as causas da poluição nos grandes centros urbanos.

   b) Discutir as graves consequências da poluição nos grandes centros urbanos.

   c) Apresentar as possíveis soluções para eliminar a poluição urbana.

   Com base no assunto, no ponto de vista e no objetivo selecionados, formule uma tese e escreva um texto dissertativo.

2. Apresentamos a seguir algumas informações sobre o uso da internet pelos brasileiros.

Uso da internet no Brasil cresce, e 70% da população está conectada

Segundo pesquisa TIC Domicílios, 126,9 milhões de pessoas usaram a rede regularmente em 2018. Metade da população rural e das classes D e E agora têm acesso à internet.

Por Thiago Lavado, G1
28/08/2019 11h01 Atualizado há 9 meses

O número de brasileiros que usam a internet continua crescendo: subiu de 67% para 70% da população, o que equivale a 126,9 milhões de pessoas.

Esse dado é parte da nova edição da pesquisa TIC Domicílios, divulgada nesta quarta-feira (28), que afere dados sobre conexão à internet nas residências do país. A pesquisa, feita anualmente pelo Centro Regional de Estudos para o Desenvolvimento da Sociedade da Informação (Cetic), é uma das principais no país.

Veja outros destaques da pesquisa:

- Nas **regiões urbanas**, a conexão é um pouco maior do que a média: 74% da população está ligada à internet;
- Pela primeira vez, metade da **zona rural** brasileira está conectada — 49% da população disse ter acesso à rede em 2018, acima dos 44% de 2017;
- Também pela primeira vez, metade da **camada mais pobre** do Brasil está oficialmente na internet: 48% da população nas classes D e E, acima de 42% em 2017;
- São 46,5 milhões de **domicílios com acesso** à internet, 67% do total;
- Entre os usuários da internet, 48% adquiriu ou usou algum tipo de **serviço on-line**, como aplicativos de carros, serviços de *streaming* de filmes e música, ou pedido de comida.

[...]

Dominância do celular

Por mais um ano, o celular foi tido como o meio preferencial de acesso dos brasileiros. Segundo a pesquisa, 97% usou o celular como dispositivo de acesso à internet — patamar muito parecido com o de 2017, que foi de 96%. Esse dado inclui pessoas que usaram celular e computador e apenas celular.

Contando as pessoas que usaram apenas o celular para se conectar, o percentual é de 56%.

Entre a população que tem renda familiar de até 1 salário mínimo, o uso exclusivo do celular atinge 78% dos usuários, com 19% usando computador e celular. [...]

Disponível em: https://g1.globo.com/economia/tecnologia/noticia/2019/08/28/uso-da-internet-no-brasil-cresce-e-70percent-da-populacao-esta-conectada.ghtml. Acesso em: 15 jun. 2020.

Com base nessas informações, escreva um texto dissertativo no qual você analise esses dados estatísticos.

Ficha 3 — TESE

Autor(a): _____ Data: ___/___/___

Planejamento

Pense e organize suas ideias.
Antes de começar a escrever, faça um esboço do seu texto.

Assunto:
_____

Ponto de vista: selecione uma perspectiva de abordagem do assunto.
_____
_____
_____

Tese: formule, com base no ponto de vista, a tese, que será a ideia central do seu texto.
_____
_____
_____
_____

Argumentos: enumere alguns argumentos capazes de comprovar a opinião expressa na tese.
_____
_____
_____
_____
_____
_____
_____

Conclusão: com base nos elementos anteriores, especifique a conclusão.
_____
_____
_____
_____
_____

Oficina de escritores • 9º ano • Projeto C: Fórum de ideias

Escrita

Ao escrever seu texto, você pode guiar-se pelo roteiro que lhe sugerimos: 1º parágrafo: apresente a tese de modo a informar, com clareza e precisão, sua opinião a respeito do tema. 2º parágrafo: comprove a tese. Utilize apenas argumentos que estejam relacionados à ideia central. 3º parágrafo: escreva sua conclusão, que deve estar relacionada à ideia central do texto.

Revisão

A fase de revisão é muito importante na produção do texto. Nela, o autor faz uma leitura crítica do texto, questionando-se quanto ao emprego de certas palavras, à organização da frase e do texto. A língua oferece inúmeras possibilidades para transmitir uma informação. Ao reescrever um texto, o autor escolhe aquela que, de acordo com o contexto, julga mais adequada. Para uma revisão completa de seu texto, guie-se pelo **Roteiro de revisão**.

Roteiro de revisão	Avaliação do autor		Avaliação do leitor	
	SIM	NÃO	SIM	NÃO
Gênero textual				
1. O texto apresenta introdução, desenvolvimento e conclusão que fundamentam uma reflexão pertinente ao tema?				
2. O texto apresenta elementos próprios do discurso argumentativo?				
Coerência				
1. Seleciona informações, fatos e opiniões que se relacionam, com coerência, ao ponto de vista apresentado sobre o tema proposto?				
Coesão				
1. Emprega recursos linguísticos que dão continuidade ao texto?				
2. Constrói frases claras e com vocabulário preciso e adequado?				
Adequação à norma-padrão				
1. O texto respeita: a) as convenções da escrita (ortografia e acentuação)? b) as normas gramaticais (pontuação, concordância, regência, colocação)?				
Edição do texto				
1. O texto apresenta: a) legibilidade? b) uniformidade de margens? c) ausência de rasuras?				

Comentários do leitor (professor ou colega):

_____
_____
_____
_____
_____
_____

Autor(a): _____

Reescrita

Edição final

Digite seu texto no computador e arquive-o. Publique-o na internet, em um *blog* (pessoal ou da classe) ou em um *site*.

4 ESTRUTURA DO PARÁGRAFO

Em qualquer texto, entre eles o dissertativo, as ideias aparecem organizadas em **parágrafos**. Essa organização facilita ao autor compor seu texto, e ao leitor, compreendê-lo.

TEXTO 1

Enem 2018 – Tema: "Manipulação do comportamento do usuário pelo controle de dados na internet."

Primeiro parágrafo da redação de Lucas Felpi:

No livro "1984" de George Orwell, é retratado um futuro distópico em que um Estado totalitário controla e manipula toda forma de registro histórico e contemporâneo, a fim de moldar a opinião pública a favor dos governantes. Nesse sentido, a narrativa foca na trajetória de Winston, um funcionário do contraditório Ministério da Verdade que diariamente analisa e altera notícias e conteúdos midiáticos para favorecer a imagem do Partido e formar a população através de tal ótica. Fora da ficção, é fato que a realidade apresentada por Orwell pode ser relacionada ao mundo cibernético do século XXI: gradativamente, os algoritmos e sistemas de inteligência artificial corroboram para a restrição de informações disponíveis e para a influência comportamental do público, preso em uma grande bolha sociocultural.

TEXTO 2

Primeiro parágrafo da redação de Carolina Mendes Pereira:

Em sua canção "Pela Internet", o cantor brasileiro Gilberto Gil louva a quantidade de informações disponibilizadas pelas plataformas digitais para seus usuários. No entanto, com o avanço de algoritmos e mecanismos de controle de dados desenvolvidos por empresas de aplicativos e redes sociais, essa abundância vem sendo restringida e as notícias, e produtos culturais vêm sendo cada vez mais direcionados – uma conjuntura atual apta a moldar os hábitos e a informatividade dos usuários. Desse modo, tal manipulação do comportamento de usuários pela seleção prévia de dados é inconcebível e merece um olhar mais crítico de enfrentamento.

Para ler as redações na íntegra, acesse: https://oglobo.globo.com/sociedade/educacao/enem-e-vestibular/leia-redacoes-nota-1000-do-enem-2018-23534071. Acesso em: 15 jun. 2020.

Estudo do texto

O parágrafo constitui a unidade de composição de um texto dissertativo.

Releia os parágrafos apresentados e identifique neles duas partes, destacando-as de cor diferente: 1. uma afirmação de caráter genérico que expressa uma opinião do autor a respeito do assunto tratado: tópico; 2. argumento e/ou fatos que justificam a afirmação presente no tópico frasal: desenvolvimento.

Produção de textos

1. Escolha uma das frases abaixo para iniciar seu parágrafo e desenvolva-o, apresentando comprovações para a tese.

> 1. O racismo sobrevive em forma residual, como uma espécie de síndrome resultante da época da escravidão.
>
> (Gilberto Gil, compositor e cantor)

> 2. Todos os homens nascem iguais, mas essa é a última vez que o são.
>
> (Abraham Lincoln, presidente dos Estados Unidos)

> 3. Todos querem voltar à natureza, mas ninguém quer ir a pé.
>
> (Petra Kelly, deputada pelo Partido Verde alemão)

> 4. O problema da mulher sempre foi um problema de homens.
>
> (Simone de Beauvoir, escritora francesa)

> 5. O casamento feliz é uma prisão de cinco estrelas.
>
> (Hélio Pellegrino, escritor e psicanalista)

2. Escreva um parágrafo a respeito dos assuntos sugeridos abaixo. Siga, de preferência, o seguinte roteiro:

   1º) Elabore uma frase que expresse sua opinião sobre o assunto.

   2º) Apresente as justificativas para a opinião expressa.

   3º) Conclua com base nas justificativas.

> **Assuntos**:
> a) Amor
> b) *Bullying*
> c) Gravidez na adolescência
> d) Internet
> e) Drogas
> f) Meio ambiente

Ficha 4 — ESTRUTURA DO PARÁGRAFO

Autor(a): _____ Data: ___/___/___

Planejamento

Escolha uma das propostas e escreva um parágrafo dissertativo. Antes de começar a escrever, defina alguns dados:

1. Assunto:
_____
_____
_____

2. Ponto de vista:
_____
_____
_____
_____

3. Opinião com base no ponto de vista escolhido:
_____
_____
_____
_____
_____

4. Argumentos que justifiquem a opinião:
_____
_____
_____
_____
_____
_____
_____
_____

Oficina de escritores • 9º ano • Projeto C: Fórum de ideias

Escrita

Ao escrever o texto dissertativo, tome dois cuidados:

1) Tudo o que você escrever deve estar relacionado à sua opinião.
2) Não faça afirmações soltas. Sempre releia o que escreveu para que seu texto tenha continuidade e unidade.

Revisão

Quem escreve utiliza alguns recursos pessoais para revisar e avaliar o próprio texto. Aos poucos, você pode ir descobrindo esses recursos. Além daqueles que no decorrer deste livro já lhe foram apresentados, sugerimos mais este: **ler atentamente, em voz alta, o texto**. A leitura oral possibilita ao autor perceber a progressão do texto. Cria, também, certa distância em relação ao próprio texto, favorecendo uma postura crítica a ele.

Roteiro de revisão	Avaliação do autor		Avaliação do leitor	
	SIM	NÃO	SIM	NÃO
Gênero textual				
1. O texto apresenta introdução, desenvolvimento e conclusão que fundamentam uma reflexão pertinente ao tema?				
Coerência				
1. Seleciona informações, fatos e opiniões que se relacionam, com coerência, ao ponto de vista apresentado sobre o tema proposto?				
Coesão				
1. Emprega recursos linguísticos que dão continuidade ao texto?				
2. Constrói frases claras e com vocabulário preciso e adequado?				
Adequação à norma-padrão				
1. O texto respeita: a) as convenções da escrita (ortografia e acentuação)? b) as normas gramaticais (pontuação, concordância, regência, colocação)?				
Edição do texto				
1. O texto apresenta: a) legibilidade? b) uniformidade de margens? c) ausência de rasuras?				

Comentários do leitor (professor ou colega):

_____
_____
_____
_____
_____
_____
_____

Autor(a): _____

Reescrita

Edição final

Digite seu texto no computador e arquive-o. Publique-o na internet, em um *blog* (pessoal ou da classe) ou em um *site*.

5 DISSERTAÇÃO EXPOSITIVA

Tese é uma afirmação que traduz a visão do autor a respeito do assunto focalizado. Para ser aceita, tem de ser demonstrada.

Há vários caminhos para desenvolver e comprovar uma tese. Vamos conhecer um deles: a dissertação expositiva.

Conceito absoluto e conceito relativo

A dissertação envolve reflexões e argumentações desenvolvidas com base em um tema.

Para desenvolver uma reflexão, o escritor faz afirmações a respeito do tema. Essas afirmações podem expressar dois tipos de conceitos:

1. **Conceito absoluto** – A afirmação é verdadeira. Veja esta afirmação:

> Todo homem é mortal.

É difícil, ou mesmo impossível, contestar a veracidade dessa afirmação. Ela não suscita qualquer discussão, pois exprime um conceito **verdadeiro** sob qualquer ponto de vista. Dizemos que ela contém um conceito de verdade **absoluto**.

2. **Conceito relativo** – A afirmação é verdadeira **e** falsa. Veja esta afirmação:

> Todo homem é corajoso.

Esse tipo de afirmação pode ser contestado, pois é **verdadeiro** sob alguns pontos de vista, mas **falso** sob outros. Nesse sentido, o conceito expresso pela afirmação é **relativo**.

Todo homem é mortal.
— verdadeiro
→ conceito absoluto

Todo homem é corajoso.
— verdadeiro **e** falso
→ conceito relativo

As frases que transmitem um conceito absoluto não suscitam qualquer tipo de dúvida, de conflito. Não se discute o grau de verdade ou falsidade delas.

Ao contrário, as frases que transmitem um conceito relativo suscitam dúvidas, hesitações. Entram em cena as opiniões, os pontos de vista diferentes e conflitantes. Discute-se o grau de verdade e/ou falsidade.

> **As dissertações baseiam-se, sobretudo, em afirmações que transmitem um conceito relativo.**

Ao escrever uma dissertação, você emite uma opinião e formula, portanto, uma tese a respeito do problema analisado. Essa tese representa um ponto de vista do problema, que será verdadeiro sob alguns aspectos, mas falso sob outros. Compete a você discutir o grau de verdade da tese, apresentando os argumentos favoráveis e/ou contrários a ela.

Para analisar uma afirmação *verdadeira e falsa*, o autor pode expor a **tese**. A seguir, apresentar os argumentos que a comprovam – **comprovação** – com base nos quais ele chega a uma **conclusão** – retomada da tese. A essa organização do texto dissertativo, no qual o autor faz uma análise de determinado problema, fundamentando um ponto de vista a respeito da visão do assunto, denominamos **dissertação expositiva**.

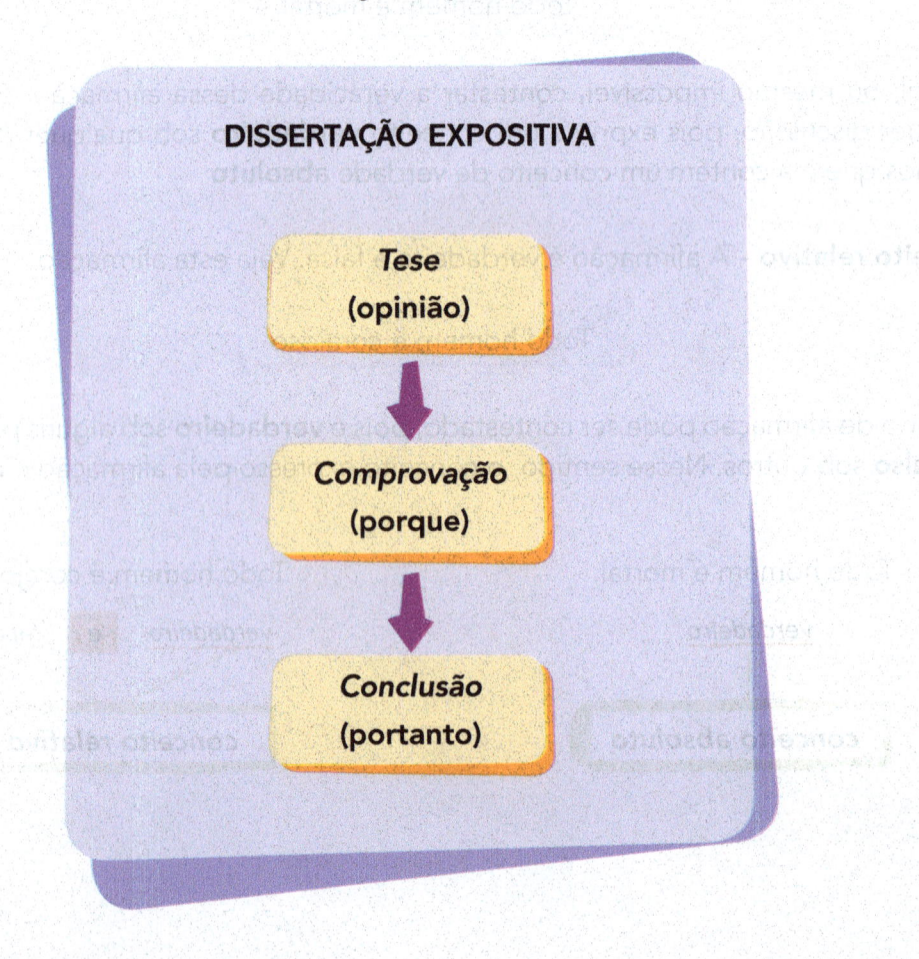

DISSERTAÇÃO EXPOSITIVA

Tese (opinião)
↓
Comprovação (porque)
↓
Conclusão (portanto)

Produção de textos

1. Leia com atenção o texto abaixo. A seguir, identifique a tese, os argumentos de comprovação e a conclusão.

Escrevendo pelos cotovelos

Uma revolução literária está em curso no mundo hoje graças a um improvável herói das letras: o telefone.

Os telefones celulares já são mais acionados para escrever do que para falar. Quanto mais jovem, maior a compulsão para escrever. Quem convive com adolescentes equipados sabe do que estou escrevendo.

Pesquisa da Nilsen aqui nos Estados Unidos no primeiro semestre deste ano revelou que o adolescente norte-americano (13 a 17 anos) enviava e recebia, em média, 3.339 mensagens de texto, todo mês, de seus celulares. São mais de cem torpedos por dia, ou seis por hora que passava acordado.

O fenômeno é global. Do Brasil ao Paquistão, dos SMS aos "tweets", adolescentes transformam seus pensamentos em textos ridiculamente curtos, curtíssimos, o que praticamente os torna publicitários (eu era tão impulsivo no meu Twitter que tive de me "twicidar").

Esses adolescentes podem estar abandonando em massa os grandes textos literários, mas estão produzindo em massa microtextos que podem muito bem ser o caminho da literatura vindoura.

Será que o próximo Shakespeare, ou Machado de Assis ou Tolstói virá em "bullet phrases"?

De qualquer forma, a predominância do escrito sobre o falado em nossos celulares revela como a eficiência do texto se impõe. Agora, com um enorme aliado: a instantaneidade.

É um novo texto, rápido, *fast food* do pensamento, muito menos elaborado do que a literatura tradicional, mas por isso mesmo mais espontâneo e genuíno. E ultrafuncional.

Quem tem tempo para perder em papo furado e gentilezas de outras décadas? No torpedo, vamos direto ao ponto, descartamos introduções e despedidas desnecessárias. E não nos intrometemos na vida e nos ouvidos alheios fazendo disparar seus telefones.

Já virou indelicado deixar recado de voz no celular. É muito mais polido enviar um curto torpedo que se lê instantaneamente do que obrigar seu interlocutor a discar para a caixa postal, digitar a senha, ouvir a mensagem...

Há vantagens óbvias do texto sobre a conversa: objetividade, concisão e permanência. A mensagem é recebida mesmo quando o destinatário não pode atender a uma chamada oral.

É uma revolução, mais uma, na forma como nos comunicamos. Vamos usar mais o cérebro e os dedos do que a boca para nos comunicarmos. Ter dedos finos será uma vantagem competitiva não mais restrita aos pianistas.

Nilza Guimarães. *Folha de S.Paulo*, São Paulo, 2 nov. 2010.

2. Leia o texto. Com base nas informações fornecidas pelo portal de saúde do governo, escreva uma dissertação expositiva, desenvolvendo o tema **gravidez na adolescência**.

Gravidez na adolescência

Por Tinna Oliveira, da Agência Saúde

Em 2018, cerca de 15% do total de nascidos vivos foram de mães com idade até 19 anos, segundo dados preliminares do Sistema de Informações sobre Nascidos Vivos (SINASC). Embora o número de gestações na adolescência venha caindo no país – passando de 721.564, em 2000, para 434.573, em 2018 –, o Brasil ainda possui taxa de 68,4 nascimentos para cada mil adolescentes e jovens mulheres entre 15 e 19 anos. O índice é elevado na comparação com a taxa mundial, de 46 nascimentos, e fica acima da média latino-americana (65,5 nascimentos).

Estudo da Organização Pan-Americana de Saúde (OPAS), em parceria com o Fundo das Nações Unidas para a Infância (UNICEF), publicado em 2018, aponta que a gravidez na adolescência ocorre com maior frequência entre as meninas com menor escolaridade e menor renda, menor acesso a serviços públicos, e em situação de maior vulnerabilidade social.

De acordo com a pesquisa Nascer Brasil 2016, do Ministério da Saúde, 66% das gestações em adolescentes não são planejadas. Ainda, cerca de 75% das mães adolescentes estavam fora da escola, segundo a PNAD 2013, o que pode sugerir consequências sociais e econômicas, além de emocionais, para as mães adolescentes.

Há ainda riscos para o recém-nascido. Estudo do Ministério da Saúde, chamado Saúde Brasil, indica uma das maiores taxas de mortalidade infantil entre mães mais jovens (até 19 anos), com 15,3 óbitos para cada mil nascidos vivos (acima da taxa nacional, de 13,4 óbitos). Isso porque além da imaturidade biológica, condições socioeconômicas desfavoráveis influenciam nos resultados obstétricos.

"O abandono da escola aumenta a mortalidade infantil, gera pobreza. É um ciclo vicioso e que precisa, de alguma maneira, ser abordado", enfatizou o ministro da Saúde, Luiz Henrique Mandetta.

Por isso, a necessidade de diversificar a abordagem sobre prevenção da gravidez na adolescência, incluindo, também, componentes comportamentais, de autonomia e de responsabilização para reduzir os casos de gravidez não intencional na adolescência.

Disponível em: https://www.saude.gov.br/noticias/agencia-saude/46276-prevencao-de-gravidez-na-adolescencia-e-tema-de-campanha-nacional. Acesso em: 15 jun. 2020.

Ficha 5

DISSERTAÇÃO EXPOSITIVA

Autor(a): _____ Data: ___/___/___

Planejamento

Antes de começar a escrever seu texto, defina alguns tópicos que podem ajudá-lo:

1. Assunto: qual é o tema que você vai abordar em seu texto?
   _____
   _____

2. Ponto de vista: especifique um aspecto particular do assunto que você vai tratar.
   _____
   _____
   _____

3. Objetivo: o que você pretende com seu texto?
   _____
   _____
   _____

4. Tese: com base no assunto, no ponto de vista e no objetivo selecionados, escreva uma frase que sintetize sua opinião.
   _____
   _____
   _____

5. Argumentos: quais argumentos você vai usar para justificar sua opinião?
   _____
   _____
   _____
   _____
   _____
   _____
   _____

Oficina de escritores • 9º ano • Projeto C: Fórum de ideias

Escrita

Ao escrever o texto dissertativo, tome dois cuidados: 1º) Tudo o que você escrever deve estar relacionado ao ponto de vista expresso. 2º) Não faça afirmações soltas; sempre releia o que escreveu para que seu texto tenha continuidade e unidade.

Revisão

O aspecto fundamental a ser observado é a unidade temática: tudo o que você escreveu deve estar ligado a uma ideia central. Observe também se as opiniões expressas no texto são acompanhadas de justificativa. Para os demais itens, guie-se pelo **Roteiro de revisão**.

Roteiro de revisão	Avaliação do autor		Avaliação do leitor	
	SIM	NÃO	SIM	NÃO
Gênero textual				
1. O texto está estruturado em tese, comprovação e conclusão que fundamentam uma reflexão pertinente ao tema?				
Coerência				
1. Seleciona informações, fatos e opiniões que se relacionam, com coerência, ao ponto de vista apresentado sobre o tema proposto?				
Coesão				
1. Emprega recursos linguísticos que dão continuidade ao texto?				
2. Constrói frases claras e com vocabulário preciso e adequado?				
Adequação à norma-padrão				
1. O texto respeita: a) as convenções da escrita (ortografia e acentuação)? b) as normas gramaticais (pontuação, concordância, regência, colocação)?				
Edição do texto				
1. O texto apresenta: a) legibilidade? b) uniformidade de margens? c) ausência de rasuras?				

Comentários do leitor (professor ou colega):

_____
_____
_____
_____
_____
_____
_____
_____

Autor(a): _____

Reescrita

Edição final

Digite seu texto no computador e arquive-o. Publique-o na internet, em um *blog* (pessoal ou da classe) ou em um *site*.

6 DISSERTAÇÃO ARGUMENTATIVA

Você conheceu um caminho para desenvolver uma tese: apresentar os argumentos que a comprovam e concluir. É a dissertação expositiva. Há outro caminho: podem-se discutir os argumentos favoráveis e aqueles contrários à tese.

Uma afirmação que transmite uma verdade de valor relativo expressa um ponto de vista sobre um problema. No entanto, pode haver pontos de vista diferentes sobre um mesmo problema. Compete ao autor discutir o grau de verdade da tese ou posicionar-se diante dela, apresentando os argumentos favoráveis e/ou contrários. Ele parte de uma tese (argumentos favoráveis), formula uma antítese (argumentos contrários) e chega a uma síntese (conclusão). O texto dissertativo que desenvolve esse tipo de raciocínio é denominado **dissertação argumentativa**.

DISSERTAÇÃO ARGUMENTATIVA

1. Tese → comprovação
2. Antítese → comprovação
3. Síntese

Leia o texto da página seguinte. Nele, o autor escreveu uma dissertação argumentativa para apresentar e defender seu ponto de vista.

Projeto C • Fórum de ideias

Menores ao volante

Baixada a poeira das discussões acaloradas sobre o novo código de trânsito, questões importantes dividem opiniões e estão longe de encontrar uma solução pacificadora. Uma delas é a que diz respeito à proibição ao menor de 18 anos de conduzir veículos automotores.

Os que a defendem argumentam que o menor de 18 anos não possui amadurecimento psicológico suficiente para conduzir veículo automotor. Entendem que ele é necessariamente imprudente, imaturo e irresponsável e, por isso, incapaz de dirigir um automóvel com a disciplina e a cautela que a segurança do trânsito requer.

Na linguagem do CTB, o menor de 18 anos não cumpre o requisito legal de ser penalmente imputável (art. 140). Ou seja, de forma lacônica, a lei não o considera com a necessária aptidão mental ou física para se submeter ao processo de habilitação (art. 147).

Na verdade, o fundamento da proibição é uma questão de política jurídica: partiu-se da premissa, politicamente discutível, de que interessa à sociedade brasileira proibir o jovem entre 16 e 18 anos de dirigir veículo automotor.

Entendemos que a posição mantida pelo novo código é conservadora, repressiva e não corresponde mais aos interesses da população e da própria segurança do trânsito. A realidade social se transformou. Após os 16 anos, muitos jovens estudam à noite, votam, trabalham, frequentam festas noturnas e viajam com a maior liberdade. Poderiam dirigir um carro ou pilotar uma moto.

Ao amarrar a idade mínima para dirigir à imputabilidade penal, o código adotou um critério político-jurídico discutível e que representa um retrocesso em relação à situação anterior. Do ponto de vista criminológico, não é boa política vincular as duas coisas. Não é porque o jovem seja inimputável até os 18 anos que se deve também, necessariamente, proibi-lo de ser motorista. Nada obriga a fazer coincidir a capacidade criminal com a capacidade legal para conduzir veículo automotor.

O argumento de que o menor poderia cometer graves infrações de trânsito e, por ser inimputável, não ser punido criminalmente é também inconsistente. Primeiro, todo menor que comete ato infracional fica sujeito às medidas socioeducativas do Estatuto da Criança e do Adolescente. Elas não são de natureza repressiva, mas não deixam de representar instrumentos de controle do Estado. Segundo, porque o adolescente, mesmo sem ser motorista, pode cometer outros atos infracionais graves, como matar, traficar, etc. Terceiro, é sabido que muitos jovens entre 16 e 18 anos dirigem automóveis ou motos com a necessária aptidão e, normalmente, não cometem atos infracionais, a não ser a infringência à própria norma que lhes proíbe de ser motoristas.

O código manteve uma regra conservadora ao proibir que o jovem acima de 16 anos possa, ao menos, dirigir automóveis ou moto (habilitação nas categorias A e B, conforme prevê o art. 143, incisos 1 e 2). Todos sabemos o quanto é difícil para os pais segurar os filhos para não dirigirem após os 16 anos. Sabemos também das dificuldades da polícia para fiscalizar e impedir que menores dirijam.

Diminuída a idade para dirigir, os pais e as autoridades de trânsito concentrariam suas ações educativas e repressivas no controle dos menores de 16 anos. E esse controle seria mais fácil, efetivo, razoável e compatível com a realidade.

João José Leal, 56, é professor de Direito Penal. Foi diretor do Centro de Ciências Jurídicas da Universidade Regional de Blumenau (SC).
Folha de S.Paulo, São Paulo, 1998.

Estudo do texto

1. Leia atentamente o texto e numere os parágrafos.

2. No primeiro parágrafo, o autor expõe o problema que será discutido. Que problema é esse?

3. Nos parágrafos dois e três, o autor apresenta os argumentos dos adversários.
   a) Como ele os introduz?
   b) Quais argumentos apresentam os que defendem a proibição ao menor de 18 anos de dirigir veículos?

4. No quarto parágrafo, o autor começa a rebater esses argumentos. Com que expressão ele faz essa transição?

Para expor e defender sua posição em relação ao problema apresentado, o autor desenvolveu o seguinte roteiro.

Os momentos da defesa	Roteiro do texto
1. Exposição do problema	No primeiro parágrafo, o autor expõe o problema. Que problema é esse?
2. Apresentação dos argumentos dos adversários	Nos parágrafos dois e três, o autor apresenta os argumentos dos adversários. a) Como ele os introduz? b) Quais os argumentos dos opositores?
3. Exposição da contra-argumentação	No quarto parágrafo, o autor começa a rebater esses argumentos. a) Com que expressão ele o introduz? b) "Premissa" é um fato ou princípio que serve de base para um raciocínio. Qual seria, segundo o autor, a premissa dos opositores? c) Quais argumentos o autor apresenta para defender sua posição?
4. Conclusão	Qual é a conclusão do autor?

Produção de textos

(Proposta de redação — Unicamp/SP — 1997) Nos últimos tempos, vêm ocorrendo intensas discussões a propósito dos meios de combater a violência praticada por menores nas grandes cidades. Um exemplo é a divergência de opiniões entre Nilton Cerqueira (secretário estadual de Segurança Pública do Rio de Janeiro) e Benedito Domingos Mariano (ouvidor da Polícia do Estado de São Paulo), veiculada pela revista *IstoÉ* de 04/09/96.

Leia a seguir trechos dessa polêmica:

> O Estatuto do Adolescente, como está hoje, é uma lei de proteção aos infratores. Quem rouba os tênis das crianças que vão ao colégio? Quem assalta as crianças nos ônibus? São os menores infratores. A lei acaba deixando desprotegida a maioria, que são as vítimas. Os infratores ficam em liberdade por causa da impossibilidade de uma atuação serena e enérgica dos policiais. Com isso, aqueles elementos de alta periculosidade têm campo aberto para suas ações criminais. E acabam acontecendo tragédias como a da Candelária ou a das mães de Acari, que até hoje não acharam seus filhos. Temos que cortar essas possibilidades retirando esses menores das ruas. [...] Ao contrário do que ocorre hoje, os menores infratores deveriam estar presos, sujeitos ao Código Penal.
>
> General Nilton Cerqueira.

> No Brasil é muito comum que as questões sociais não resolvidas se transformem em questão de polícia. É o caso dos milhares de meninos e meninas de rua, marginalizados pela sociedade e pelo Estado. Usados muitas vezes pelos "pais" de rua, por maus policiais e pelos narcotraficantes, alguns meninos e meninas de rua são utilizados para atos delituosos leves ou graves. E, quando isso acontece, a tese de penalizar o adolescente aos 14 ou 16 anos vem à tona [...] Onde estão as políticas públicas em nível nacional, estadual e municipal que proporcionem a prevenção à marginalidade e à delinquência? [...] Não à penalização aos 14 ou 16 anos. Combatam-se as causas estruturais que alimentam a violência [...].
>
> Benedito Domingos Mariano.

Se você acha:

- que **não se deve punir** penalmente o menor de 18 anos, escreva uma carta ao general Nilton Cerqueira rebatendo os argumentos por ele apresentados, contrapondo-lhe outros que justifiquem a posição que você defende; ou
- que **se deve punir** penalmente o menor de 18 anos, escreva uma carta a Benedito Domingos Mariano rebatendo os argumentos por ele apresentados, contrapondo-lhe outros que justifiquem a posição que você defende.

Ficha 6 — DISSERTAÇÃO ARGUMENTATIVA

Autor(a): _____ Data: ___/___/___

Planejamento

A proposta de redação da Unicamp exige de você uma tomada de posição. Mas, qualquer que seja sua posição, ela somente será válida se forem apresentados argumentos claros e coerentes. Além disso, você deve tentar convencer o destinatário da carta de que a posição dele está incorreta e a sua, certa.

1. Faça um levantamento o mais completo possível dos argumentos favoráveis de cada uma das posições.

_____
_____
_____
_____
_____
_____
_____
_____
_____
_____
_____

2. Com base nesse levantamento, escolha a posição que você vai tomar e os argumentos que vai usar.

_____
_____
_____
_____
_____
_____
_____
_____
_____
_____
_____
_____

3. Use os argumentos favoráveis e contrários para chegar a uma conclusão. Você não pode simplesmente dizer que o outro está errado e você, certo. É preciso argumentar, concordando parcialmente com ele, para depois contra-argumentar com sua posição.

Oficina de escritores • 9º ano • Projeto C: Fórum de ideias

Escrita

Ao escrever o texto, lembre-se de que você deve convencer o destinatário de sua posição. E uma das formas de conseguir isso é fazer concessão. Para tanto, utilize os elementos de coesão (*embora, ainda que, apesar de*...) ou palavras de transição (*Os que defendem argumentam que..., O argumento de que*...) que ajudarão você, no processo de composição, e o leitor, na compreensão, a acompanhar os argumentos colocados.

Revisão

Um dos aspectos que você deve observar na revisão do seu texto é a coerência. Entende-se por coerência a qualidade que têm os textos bem elaborados de apresentar certa unidade de sentido. A retomada de ideias ou o anúncio de novas ideias no decorrer do texto devem estar relacionados de forma lógica a um fio condutor da ideia central que está sendo desenvolvida.

Além da coerência, verifique se seu texto atende aos itens propostos no **Roteiro de revisão**.

Roteiro de revisão	Avaliação do autor		Avaliação do leitor	
	SIM	NÃO	SIM	NÃO
Gênero textual				
1. O texto apresenta argumentos favoráveis e contrários à tese que possibilitam ao autor fundamentar o ponto de vista assumido em relação ao tema?				
2. O texto apresenta elementos próprios do discurso argumentativo?				
Coerência				
1. Seleciona informações, fatos e opiniões que se relacionam, com coerência, ao ponto de vista apresentado sobre o tema proposto?				
Coesão				
1. Emprega recursos linguísticos que dão continuidade ao texto?				
2. Constrói frases claras e com vocabulário preciso e adequado?				
Adequação à norma-padrão				
1. O texto respeita: a) as convenções da escrita (ortografia e acentuação)? b) as normas gramaticais (pontuação, concordância, regência, colocação)?				
Edição do texto				
1. O texto apresenta: a) legibilidade? b) uniformidade de margens? c) ausência de rasuras?				

Comentários do leitor (professor ou colega):

_____
_____
_____
_____
_____
_____

Autor(a): _____

Reescrita

Edição final

Digite seu texto no computador e arquive-o. Publique-o na internet, em um *blog* (pessoal ou da classe) ou em um *site*.

7 EDITORIAL

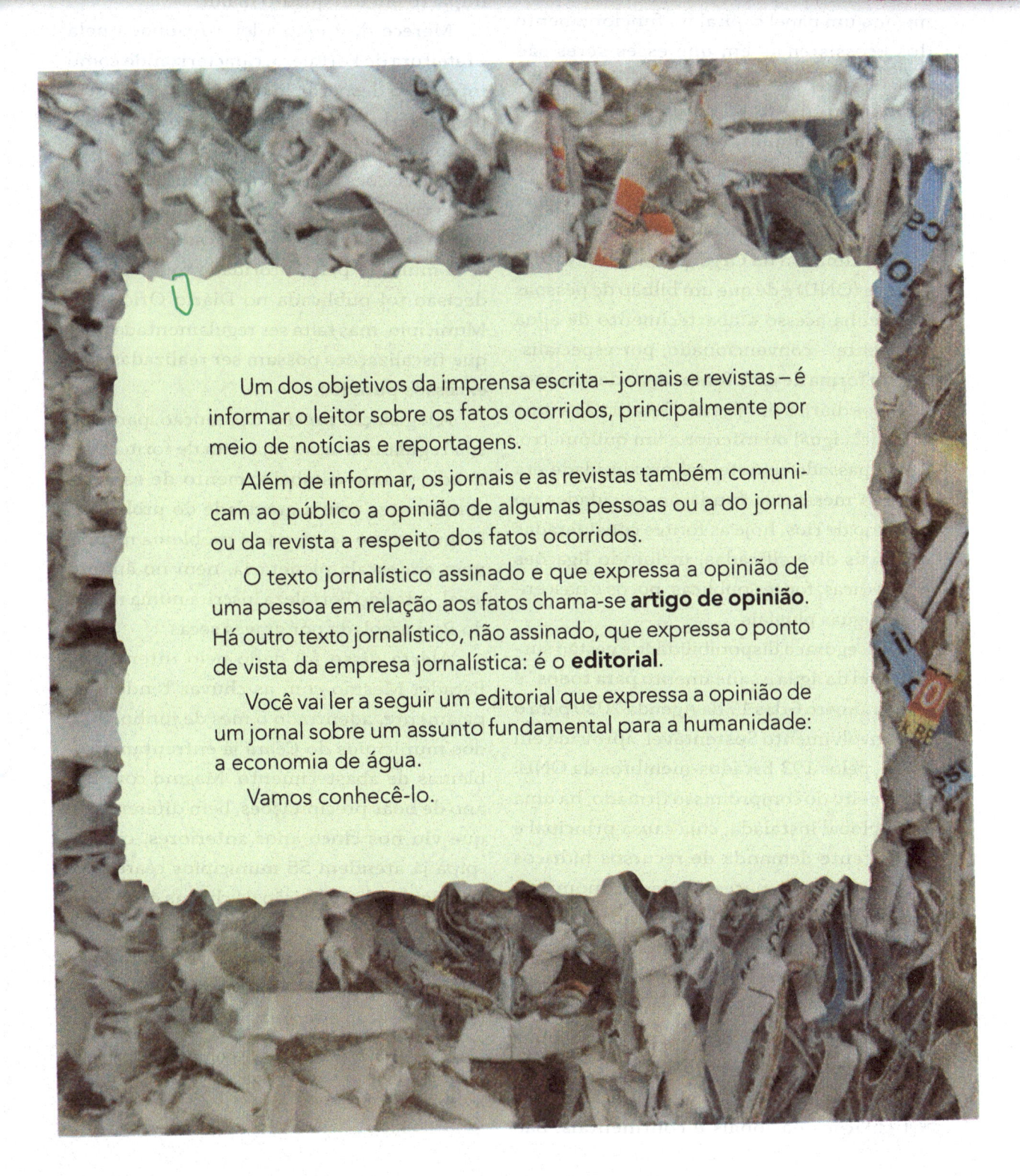

Um dos objetivos da imprensa escrita – jornais e revistas – é informar o leitor sobre os fatos ocorridos, principalmente por meio de notícias e reportagens.

Além de informar, os jornais e as revistas também comunicam ao público a opinião de algumas pessoas ou a do jornal ou da revista a respeito dos fatos ocorridos.

O texto jornalístico assinado e que expressa a opinião de uma pessoa em relação aos fatos chama-se **artigo de opinião**. Há outro texto jornalístico, não assinado, que expressa o ponto de vista da empresa jornalística: é o **editorial**.

Você vai ler a seguir um editorial que expressa a opinião de um jornal sobre um assunto fundamental para a humanidade: a economia de água.

Vamos conhecê-lo.

Problemas da água

Escrito por Redação, 23:00 / 24 de Junho de 2019.

A água é indispensável para a sobrevivência de todos os organismos vivos, cumpre mesmo um papel capital no funcionamento dos ecossistemas em que esses seres são contratados. Nas sociedades humanas, são fundamentais tanto na esfera biológica, como na econômica. É assim desde tempos imemoriais; e, no presente, esta condição se converteu num dos grandes problemas que demandam soluções globais.

A estimativa da Organização das Nações Unidas (ONU) é de que um bilhão de pessoas não tenha acesso a abastecimento de água suficiente – convencionado, por especialistas, na forma de uma fonte capaz de fornecer 20 litros diários por pessoa, localizada a uma distância igual ou inferior a um quilômetro. Se no passado remoto, tal proximidade era a razão mesma da fundação de cidades no entorno de rios, hoje as fontes consideradas são mais diversificadas, incluindo ligações domésticas, fontes públicas, poços e nascentes, e águas pluviais.

"Assegurar a disponibilidade e gestão sustentável da água e saneamento para todos" é meta número 6 das 17 da Agenda 2030 para o Desenvolvimento Sustentável, aprovada em 2015, pelos 193 Estados-membros da ONU. A despeito do compromisso firmado, há uma crise global instalada, cuja causa principal é a crescente demanda de recursos hídricos para atender às necessidades econômicas, em especial agrícolas. Esta não pode ser ignorada, afinal o crescimento populacional tem impacto direto na produção de mais alimentos e na exigência de mais serviços.

Como acontece em outros problemas de sustentabilidade ambiental, a questão da água exige ações locais, para além das articulações nacionais e continentais. São bem documentadas as possibilidades de uso racional deste recurso, de forma que políticas públicas independentes podem sim ter impacto em um quadro maior.

Merece destaque a lei sancionada pela Prefeitura de Fortaleza, caracterizando como infração o desperdício de água no território da Capital. Entre as práticas condenadas, estão a negligência quanto aos vazamentos nas tubulações hidráulicas; e o de lavar calçadas e veículos, com o uso contínuo de água. Quem for flagrado em práticas irregulares, será multado pela autoridade municipal. A decisão foi publicada no Diário Oficial do Município, mas falta ser regulamentada para que fiscalizações possam ser realizadas e os excessos punidos.

A legislação precisa de atenção, para que sua regulamentação seja feita de forma adequada, com o estabelecimento de sanções condizentes com a gravidade do problema. A água, como se vê, não é problema menor, nem em escala planetária, nem no âmbito local, estando Fortaleza inscrita numa região do País assolada por graves secas.

Alerta disso foi dado pelo interior do Estado. Mesmo com as chuvas tendo, atipicamente, adentrado o mês de junho, 30% dos municípios do Ceará já enfrentam problemas de abastecimento. Mesmo com um ano de boas precipitações, bem diferente do que viu nos cinco anos anteriores, carros-pipa já atendem 55 municípios cearenses. A irregular distribuição de chuvas é uma das explicações do problema.

A falta d'água é desafio permanente. Exige que se combine, de forma ágil e permanente, ação e racionalidade.

Diário do Nordeste. Disponível em: https://diariodonordeste.verdesmares.com.br/opiniao/editorial-problemas-da-agua-1.2115051. Acesso em: 15 jun. 2020.

Estudo do texto

O editorial expressa a opinião de um jornal sobre um fato e vem acompanhado das evidências dessa opinião. Nele, o redator não veicula apenas suas ideias, mas as de todo um grupo.

O texto "Problemas da água" é um editorial do jornal *Diário do Nordeste*. Vamos conhecer sua organização.

Na composição de um editorial, deve-se distinguir **fato** de **opinião**.

> Um fato informa o que acontece; uma opinião interpreta o que acontece.

A opinião baseia-se em fatos e traduz a visão de alguém sobre determinado fato ou acontecimento.

As frases abaixo foram retiradas do texto. Informe se elas traduzem um fato ou uma opinião.

- ☐ A água é indispensável para a sobrevivência de todos os organismos vivos.
- ☐ A despeito do compromisso firmado, há uma crise global instalada, cuja causa principal é a crescente demanda de recursos hídricos para atender às necessidades econômicas, em especial agrícolas.
- ☐ Como acontece em outros problemas de sustentabilidade ambiental, a questão da água exige ações locais, para além das articulações nacionais e continentais.
- ☐ Merece destaque a lei sancionada pela Prefeitura de Fortaleza, caracterizando como infração o desperdício de água no território da Capital.
- ☐ A legislação precisa de atenção, para que sua regulamentação seja feita de forma adequada, com o estabelecimento de sanções condizentes com a gravidade do problema.
- ☐ Mesmo com as chuvas tendo, atipicamente, adentrado o mês de junho, 30% dos municípios do Ceará já enfrentam problemas de abastecimento.
- ☐ A falta d'água é desafio permanente. Exige que se combine, de forma ágil e permanente, ação e racionalidade.

O editorial é um texto dissertativo. E uma dissertação apresenta sempre o desdobramento de uma ideia central, que constitui a tese.

a) Qual é a tese desse editorial e como o texto a demonstra?

b) A que conclusão o texto chega?

A linguagem do editorial é predominantemente formal. Não há presença da primeira pessoa do singular, por se tratar de um gênero textual de caráter impessoal.

Produção de textos

Você vive cercado de fatos na sua escola, no seu bairro, na sua cidade, no seu país. Propomos a você que escreva um editorial com base em um fato que tenha presenciado ou do qual tenha tido conhecimento por notícias publicadas em jornais, revistas ou na internet.

Para compor seu editorial, você pode seguir este roteiro:

Primeira parte

Inicie o editorial relatando sucintamente o fato ocorrido. O leitor pode desconhecer o fato.

Segunda parte

Emita sua opinião a respeito do fato. Para isso, pense: O que revela o fato ocorrido? Por que isso acontece? Quais são as consequências desse fato?

Importante: essa opinião será a tese e deverá constituir a ideia central do texto.

Terceira parte

Comprove sua opinião com argumentos baseados em fatos.

Quarta parte

Conclua com base no desenvolvimento do texto. **Atenção**: conclusão não deve ser entendida obrigatoriamente como uma solução do problema. Pode ser uma consequência ou até um questionamento diante do problema analisado.

Ficha 7 — EDITORIAL

Autor(a): _____ Data: ___/___/___

Planejamento

Antes de começar a escrever, faça um esboço do seu texto.

Fato: apresente o fato no qual você vai se basear.

_____
_____
_____
_____
_____

Tese: formule sua opinião. Ela será a ideia central do seu texto.

_____
_____
_____
_____
_____
_____

Argumentos: enumere alguns argumentos para justificar a opinião expressa na tese.

_____
_____
_____
_____
_____

Conclusão: com base nos elementos anteriores, escreva a conclusão.

_____
_____
_____
_____
_____

Oficina de escritores • 9º ano • Projeto C: Fórum de ideias

Escrita

Na escrita do texto, procure fazer afirmações que possam ser comprovadas com argumentos apoiados em fatos. Ao mesmo tempo, tenha claro qual é o objetivo fundamental de seu texto. Tudo o que você desenvolver deve estar relacionado a essa ideia central que constitui o fio condutor de sua reflexão.

Revisão

O aspecto fundamental a ser observado nesta revisão é a unidade temática: tudo o que você escreveu deve estar ligado a uma ideia central. Observe também se as opiniões expressas no texto são acompanhadas de justificativa. Para os demais itens, guie-se pelo **Roteiro de revisão**.

Roteiro de revisão	Avaliação do autor		Avaliação do leitor	
	SIM	NÃO	SIM	NÃO
Gênero textual				
1. O texto demonstra domínio do gênero editorial?				
2. Formula uma tese com base em um fato e apresenta argumentos que a comprovam?				
Coerência				
1. Seleciona informações, fatos e opiniões que se relacionam, com coerência, ao ponto de vista apresentado sobre o tema proposto?				
Coesão				
1. Emprega recursos linguísticos que dão continuidade ao texto?				
2. Constrói frases claras e com vocabulário preciso e adequado?				
Adequação à norma-padrão				
1. O texto respeita:				
a) as convenções da escrita (ortografia e acentuação)?				
b) as normas gramaticais (pontuação, concordância, regência, colocação)?				
Edição do texto				
1. O texto apresenta:				
a) legibilidade?				
b) uniformidade de margens?				
c) ausência de rasuras?				

Comentários do leitor (professor ou colega):

_____
_____
_____
_____
_____
_____
_____

Autor(a): _____

Oficina de escritores • 9º ano • Projeto C: Fórum de ideias

Reescrita

Edição final

Digite seu texto no computador e arquive-o. Publique-o na internet, em um *blog* (pessoal ou da classe) ou em um *site*.

8 ARTIGO DE OPINIÃO

Na mídia impressa ou falada – jornal, revista, televisão, internet – circula um gênero textual no qual o autor apresenta seu ponto de vista sobre determinado assunto. É o **artigo de opinião**.

Ao ler esse gênero, é importante saber que a opinião apresentada é a do autor que assina o texto e não deve ser entendida como verdade, mas apenas como uma posição.

O texto a seguir é um exemplo de artigo de opinião.

A fome é um crime

27/06/2018
José Graziano da Silva é Diretor-Geral da FAO. Adolfo Pérez Esquivel é Prêmio Nobel da Paz e membro da Aliança da FAO pela Segurança Alimentar e Paz.

Não há outra maneira de dizer. Não há atenuante. Em um mundo que produz alimentos suficientes para dar de comer a todos os seus habitantes, a fome nada mais é do que um crime.

Todos os dias, assistimos do conforto de nossas poltronas e a uma distância segura proporcionada pelas telas da televisão o desespero de pessoas pobres e vulneráveis que são forçadas a migrar nas condições mais humilhantes. A maioria delas são provenientes de áreas rurais.

Temos que fazer mais por essas pessoas. Não podemos permitir, nem nos permitir, que elas fiquem para trás.

Fazer vista grossa e não debater as causas mais profundas de como erradicar a fome e a pobreza é algo criminoso. Sabemos como fazê-lo. Sabemos o que funciona. Mas não teremos sucesso se a violência continuar, se os conflitos não terminarem.

Os dados mais recentes da FAO indicam que, após quase uma década de declínio, o número de pessoas afetadas pela fome no mundo aumentou novamente, com 815 milhões de habitantes sofrendo de desnutrição crônica em 2016. Em 2017, 124 milhões necessitaram de assistência alimentar de emergência, em comparação com os 108 milhões de 2016.

Não é coincidência que esses números reflitam uma década de redução gradual da paz mundial, principalmente devido aos crescentes conflitos no Oriente Médio e na África, e seus efeitos indiretos em outras áreas, segundo dados do *2018 Global Peace Index* publicado no início deste mês.

Assim, não nos faltam novas evidências: a fome tem aumentado em cenários mais violentos. A relação é direta. É em países como a Síria, Iêmen, Afeganistão, Sudão do Sul, Iraque e Somália que encontramos algumas das maiores taxas de insegurança alimentar. A América Latina também testemunha retrocesso de desenvolvimento – e, em alguns casos, testemunha também o retorno da fome e da exclusão social devido a conflitos internos e à instabilidade social.

Por isso, é um paradoxo notar que os gastos militares globais continuem aumentando enquanto países destinam cada vez menos recursos para combater a fome no mundo.

Precisamos de mais compromisso. Precisamos de mais apoio financeiro para salvar os meios de subsistência que contribuam por uma paz duradoura. Precisamos investir para que as pessoas tenham oportunidades de permanecer em suas terras e que a migração seja uma questão de opção, e não o último e desesperado recurso.

Esta relação é muitas vezes ignorada, mas todos os países devem ter em conta que a paz e o fim dos conflitos são essenciais para reduzir novamente o número de pessoas famintas.

E todos devemos lembrar que a paz não é apenas a ausência de conflito. A paz é uma dinâmica muito mais complexa e permanente das relações entre pessoas e povos em que os alimentos ocupam lugar fundamental.

Os direitos humanos e os povos são valores indivisíveis na construção democrática e fundamentais para alcançar a plena igualdade. Por isso, é urgente que fortaleçamos as condições de vida e trabalharmos pelo desenvolvimento, tanto dos povos como dos pequenos e médios produtores rurais. Apenas assim, eles poderão afirmar seus valores e desfrutar de uma vida digna.

Nesta dinâmica, há algo inquestionável: os mais pobres são aqueles que mais precisam do apoio e da solidariedade do resto do mundo. Somente a partir dessa concepção é que poderemos erradicar a fome e construir uma sociedade mais justa e mais humana para todos.

Disponível em: http://www.fao.org/brasil/noticias/detail-events/pt/c/1143332/.
Acesso em: 14 jun. 2020.

Estudo do texto

O **artigo de opinião** é um gênero textual de estrutura argumentativa em que um articulista expõe suas impressões (observações, reflexões) a respeito de um assunto.

Além de expor sua opinião, o autor pode querer convencer o interlocutor a concordar com sua visão de mundo, a aderir a algum projeto, a mudar o comportamento etc.

Esse gênero de texto normalmente é publicado em colunas assinadas de jornais e revistas e de inteira responsabilidade do autor, que, por apresentar reflexões bastante pessoais, pode ter suas ideias contestadas por quem não concorda com elas.

Por ser um texto pessoal, o artigo de opinião não possui estrutura fixa, mas, em geral, conta com a apresentação do tema, seguida da visão do autor acerca dele e da apresentação de exemplos, citações e resultados de pesquisas que fundamentem suas ideias.

O tipo de linguagem pode variar de acordo com o público a que se destina o texto. Entretanto, para garantir a clareza da exposição das ideias, a opção é pela norma-padrão.

1. Ao ler o artigo de José Graziano da Silva e Adolfo Pérez Esquivel, podemos identificar seu interlocutor em potencial e também o tipo de informação que o articulista deseja transmitir a ele.

   a) Na sua opinião, quais são os interlocutores desse texto?

   _____
   _____
   _____
   _____

   b) Que ideias os autores desejam comunicar?

   _____
   _____
   _____
   _____

2. Segundo os autores, por que a fome é considerada um crime?

   _____
   _____
   _____
   _____
   _____

3. A que causas os autores associam a fome no mundo?

   _____
   _____
   _____
   _____

Produção de textos

Escolha uma das propostas e escreva um artigo de opinião.

Proposta 1

Escreva um artigo no qual você apresente suas impressões sobre algum aspecto da sua escola, do seu bairro ou da sua cidade que você deseja que seja diferente. Para isso, inicialmente, apresente o problema da forma como você o enxerga. A seguir, proponha possíveis soluções para ele. Nesse artigo de opinião você poderá:

1. empregar a primeira pessoa;

2. expor impressões pessoais e usar exemplos para ilustrar a sua argumentação;

3. referir-se diretamente a um leitor em potencial.

Proposta 2

Diversas questões polêmicas hoje fazem parte das discussões dos jovens. Aparentemente, todos buscam a mesma direção, mas, na prática, não é isso o que acontece. Você tem opinião formada sobre diversos assuntos e está na hora de apresentá-la. Escolha um dos itens a seguir para defender suas ideias em um artigo de opinião.

1. Ficar ou namorar. O que é mais importante para o jovem fortalecer suas relações de afeto?

2. Apenas estudar, apenas trabalhar, ou trabalhar e estudar?

3. Aumentar o consumo e gerar empregos e crescimento para o país ou diminuir o consumo e salvar o planeta da destruição? Por outro lado, é possível conciliar crescimento econômico e preservação do meio ambiente, do planeta?

Se houver outra questão que, na sua opinião, mereça destaque, explore-a em seu artigo.

Ficha 8 — ARTIGO DE OPINIÃO

Autor(a): _____ Data: ___/___/___

Planejamento

Antes de começar a escrever, faça um esboço do seu texto.

Assunto:
_____

Ponto de vista: selecione uma perspectiva de abordagem do assunto.
_____
_____
_____

Tese: formule, com base no ponto de vista, a tese, que será a ideia central do seu texto.
_____
_____
_____

Argumentos: enumere alguns argumentos para comprovar a opinião expressa na tese.
_____
_____
_____
_____
_____
_____
_____

Conclusão: com base nos elementos anteriores, escreva a conclusão.
_____
_____
_____
_____
_____
_____

Oficina de escritores • 9º ano • Projeto C: Fórum de ideias

Escrita

Ao escrever o texto dissertativo, tome dois cuidados: 1ª) Tudo o que você escrever deve estar relacionado ao seu ponto de vista. 2ª) Não faça afirmações soltas; sempre releia o que escreveu para que seu texto tenha continuidade e unidade.

Revisão

O aspecto fundamental a ser observado nesta revisão é a unidade temática: tudo o que você escreveu deve estar ligado a uma ideia central. Observe também se as opiniões expressas no texto são acompanhadas de comprovação. Para os demais itens, guie-se pelo **Roteiro de revisão**.

Roteiro de revisão	Avaliação do autor		Avaliação do leitor	
	SIM	NÃO	SIM	NÃO
Gênero textual				
1. O texto demonstra domínio do gênero artigo de opinião?				
2. Formula uma tese com base em um fato e apresenta argumentos que a comprovam?				
Coerência				
1. Seleciona informações, fatos e opiniões que se relacionam, com coerência, ao ponto de vista apresentado sobre o tema proposto?				
Coesão				
1. Emprega recursos linguísticos que dão continuidade ao texto?				
2. Constrói frases claras e com vocabulário preciso e adequado?				
Adequação à norma-padrão				
1. O texto respeita: a) as convenções da escrita (ortografia e acentuação)? b) as normas gramaticais (pontuação, concordância, regência, colocação)?				
Edição do texto				
1. O texto apresenta: a) legibilidade? b) uniformidade de margens? c) ausência de rasuras?				

Comentários do leitor (professor ou colega):

_____
_____
_____
_____
_____
_____
_____

Autor(a): _____

Reescrita

Edição final

Digite seu texto no computador e arquive-o. Publique-o na internet, em um *blog* (pessoal ou da turma) ou em um *site*.

9 SEMINÁRIO

As opiniões traduzem pontos de vista de uma pessoa ou de um grupo de pessoas a respeito de determinado assunto. Felizmente, nem todos têm as mesmas opiniões. As divergências, no entanto, podem provocar discussões acaloradas.

Existem diferentes formas de expor e debater as opiniões: bate-papo, fórum, mesa-redonda, debate, entrevista, seminário...

Prepare um seminário para analisar, expor e discutir as opiniões de todos da turma a respeito de determinado assunto.

Serão apresentadas a seguir as linhas gerais de um seminário e textos relacionados a alguns possíveis temas para debate.

Bom seminário para vocês!

Seminário

O seminário é a apresentação oral de trabalhos para um grupo de pessoas (no caso de vocês, a turma e o professor).

A exposição do seminário baseia-se em um texto escrito pelo grupo que vai apresentá-lo. Esse texto deverá apresentar conhecimentos específicos sobre um tema. O grupo deverá estar muito bem preparado para o seminário, pois, além de apresentar informações sobre um assunto que as pessoas podem não conhecer, também poderá ser inquirido por elas, pedindo esclarecimentos e explicações sobre o que não entenderam ou não ficou claro.

Para isso, propomos o seguinte roteiro de preparação para o seminário:

1. Escolham um tema e conversem com o professor, que vai auxiliá-los a levantar as questões e ideias mais importantes a ele relacionadas e que nortearão a pesquisa que vocês realizarão. Lembrem-se de que a pesquisa deve ser a mais completa possível. Vejam, a seguir, dois exemplos de temas e subtemas que podem ser abordados num seminário.

    a) **Células-tronco**
    - O que são células-tronco embrionárias? Como são obtidas? Quais são as implicações éticas, morais e religiosas envolvidas na obtenção e manipulação dessas células? Que função elas poderiam ter no tratamento de doenças? Em quais lugares do mundo a pesquisa com essas células foi liberada? De onde vêm as células-tronco embrionárias utilizadas no Brasil? Como é a lei que regulamenta o uso dessas células no país?

    - O que são células-tronco adultas? Como são obtidas? Quais são as pesquisas mais promissoras realizadas nessa área? Em quais doenças o tratamento com células-tronco adultas já trouxe bons resultados? Que países realizam pesquisas com essas células? O que está sendo feito nessa área da Genética em nosso país?

    b) **Alimentos transgênicos**
    - O que são alimentos transgênicos? Como são obtidos? Qual a diferença entre eles e os alimentos convencionais? O uso de sementes transgênicas pode significar, no futuro, o fim da fome no mundo? O cultivo de transgênicos pode ser uma ameaça às espécies vegetais e animais não transgênicas? Os transgênicos podem ser uma ameaça à saúde humana? Desde quando, na história da humanidade, existem alimentos transgênicos?

    - Como os países reagem ao cultivo de transgênicos? No Brasil, que espécies transgênicas são cultivadas? Qual é o interesse econômico que países e grandes empresas têm no desenvolvimento dessas espécies? Que pesquisas o Brasil tem realizado nessa área? O que já deu certo e o que é polêmico nessas pesquisas?

2. Distribuam as tarefas: o que cada membro do grupo fará no seminário e as atividades de pesquisa que cada um assumirá.

3. Efetuem a pesquisa em livros, jornais, revistas, na internet, procurem entrevistas com especialistas da área e professores cuja área docente se relacione ao tema etc.

4. Leiam e anotem todos os dados relevantes, interessantes ou polêmicos sobre o assunto. Depois, façam um resumo desses dados para que possam ser apresentados no seminário. Gráficos e dados estatísticos também devem ser utilizados (ampliados e montados em folhetos e cartazes ou apresentados em retroprojetor, para ajudar na explanação do tema).

5. Em seguida, planejem o roteiro do que vão expor aos colegas e que servirá para a escrita do texto-base, que será um guia para o seminário:
   a) Como será a apresentação, o desenvolvimento e a conclusão do seminário? Para determinar isso, vocês devem levar em conta o público-alvo, o que ele já conhece sobre o tema, o que seria interessante que conhecesse. Lembrem-se de que a exposição deve ser interessante e dinâmica ou as pessoas que assistem ao seminário ficarão entediadas nos primeiros quinze minutos.
   b) Quais subtemas vocês abordarão?
   c) Que material de apoio (cartazes, apostilas, imagens) vocês apresentarão? O material de apoio deverá servir de contraponto para a fala de vocês (deverá ser utilizado de maneira a quebrar, de tempos em tempos, a monotonia da exposição oral).

6. De posse do material de pesquisa, elaborem o texto-base (roteiro), que deverá ser consultado durante a exposição. Nele, devem constar a apresentação do tema, o desenvolvimento e a conclusão. Vocês devem entremear esse texto com dicas sobre os momentos certos para apresentar o material de apoio, os resumos que elaboraram sobre os dados relevantes, interessantes ou polêmicos, citações de cientistas e políticos etc.

7. Pronto o texto, leiam-no com atenção. Reescrevam-no quantas vezes for preciso, até que esteja pronto, na opinião de vocês.

8. Marquem com o professor um dia para a apresentação do seminário.

9. Façam cópias do texto (uma para cada membro do grupo e uma para o professor) e elaborem os cartazes ou as apostilas (em geral, basta uma para cada grupo da sala e uma para o professor). Depois, em grupo, ensaiem a exposição de cada um, cronometrando o tempo de fala e avaliando se a apresentação está saindo como vocês planejaram. Se necessário, modifiquem o que acharem que não está dando certo.

Produção de textos

Antes da apresentação do seminário, escrevam o texto para registrar o conteúdo que será apresentado.

Planejamento

Tendo definido o tema do seminário, façam um detalhamento das ideias que serão discutidas, das fontes a serem consultadas e do material de apoio para a apresentação.

Tema: problema.

Subtemas: abordagens do problema.

Conclusão: o que se pretende com essa reflexão.

Fontes de consulta

Escrita

Escrevam o que será apresentado no seminário. Dividam o texto em três partes:

Primeira parte – INTRODUÇÃO: apresentação do problema que será discutido.

Segunda parte – DESENVOLVIMENTO: análise e discussão do problema.

Terceira parte – CONCLUSÃO: com base nos fatos e nas reflexões, o que é possível concluir e quais as eventuais soluções para o problema.

Como se comportar na apresentação oral

1. Respeite o tempo de fala do colega. Não converse, não interrompa o raciocínio, não conteste o colega enquanto a palavra não for dada a você.

2. Ao apresentar seu ponto de vista, faça-o de forma calma, planejada, com tom de voz adequado. Lembre-se de que você está numa discussão entre amigos e não em um comício.

3. Escute o que o colega tem a dizer. Não fique o tempo todo preocupado apenas com sua fala. Com as informações oferecidas pelo colega, você poderá enriquecer sua argumentação.

4. Não exceda o tempo de fala estipulado pelo professor. Se estiver falando quando acabar o tempo, conclua o raciocínio rapidamente.

5. Não leve as refutações (contestações) do colega para o lado pessoal. Lembre-se de que todos ganham com a busca da melhor defesa para uma ideia.

GUIA DE REVISÃO DE TEXTOS

1. Edição
2. Concisão
3. Coesão
4. Coerência
5. Adequação à norma-padrão

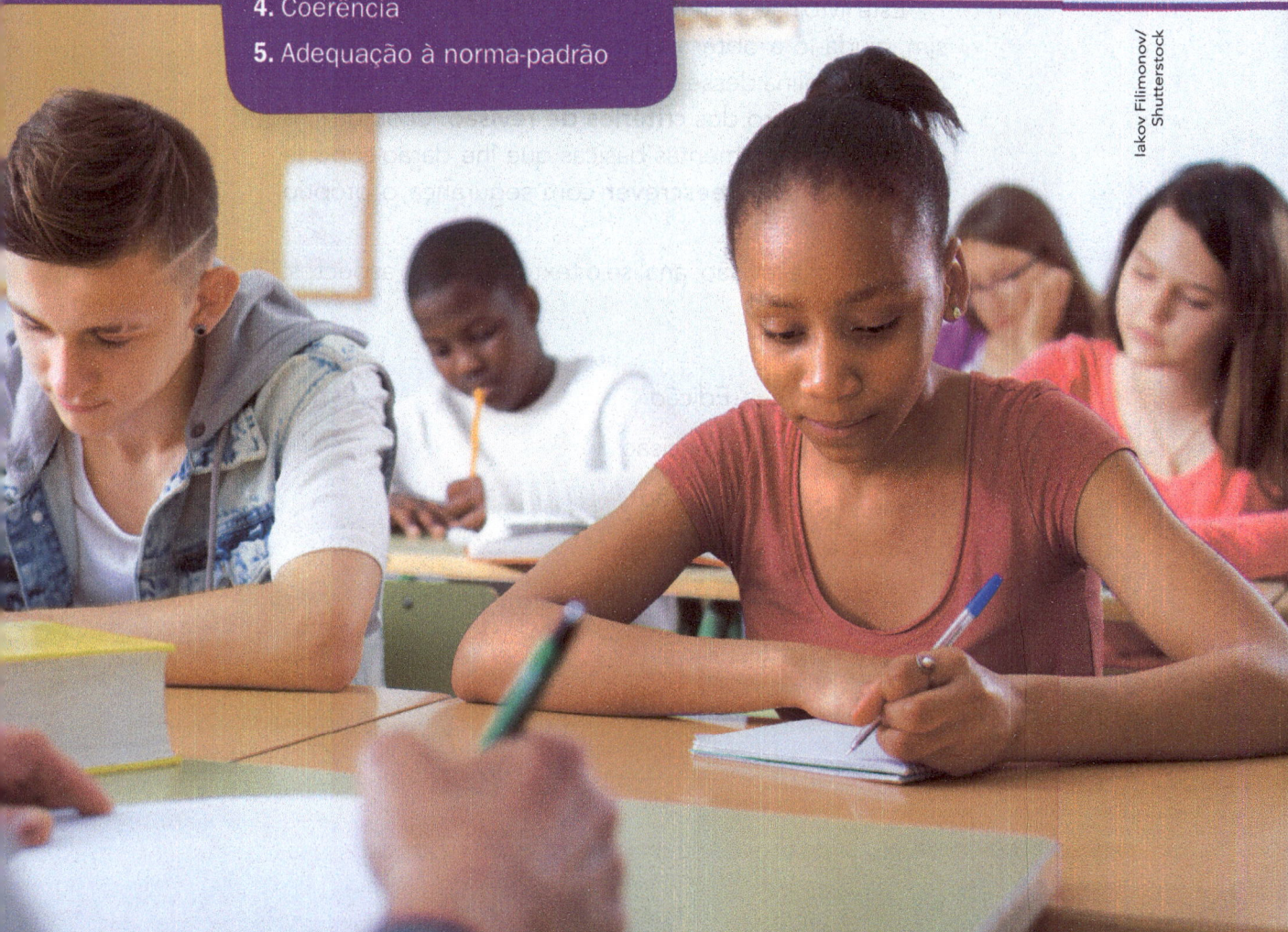

Critérios de revisão

Revisar e reescrever um texto, alterando-o por meio de acréscimos, reduções, ampliações, substituições, é tarefa que exige, além de disciplina, conhecer as possibilidades de organização do texto, bem como os recursos que a língua oferece para transmitir uma mesma informação. Há uma frase que já se tornou lugar-comum na orientação do processo de escrita e que traduz a postura que você deve ter no trabalho de escrita e reescrita do texto:

> Escrever não é um ato de inspiração, mas de transpiração.

Este livro não pretende livrá-lo da "transpiração", mas, sim, ajudá-lo a obter frutos dela. Para isso, sugerimos, como disciplina desse processo de revisão e reescrita do texto, um roteiro dos **critérios de revisão**. O objetivo é oferecer-lhe ferramentas básicas que lhe darão suporte para **ler**, **reler** e **reescrever** com segurança o próprio texto.

Ao fazer a revisão, analise o texto sob estes aspectos:

- Edição
- Concisão
- Coesão
- Coerência
- Adequação à norma-padrão

1 EDIÇÃO

O que se entende por **edição**, neste livro, leva em conta a legibilidade e a distribuição do texto na página. São os aspectos gráficos (letra, paragrafação, margens, ausência de rasuras) que ajudam a dar legibilidade a ele. Muitas vezes, o leitor não entende o que você escreveu porque não consegue ler, pois o texto está parcial ou totalmente ilegível.

A edição final de um texto pode ser apresentada em letra manuscrita ou em letra impressa. A seguir serão analisados os cuidados que você deve ter na edição de um texto manuscrito ou impresso.

Texto manuscrito

Quando um texto é escrito a mão, para ser entendido pelos leitores, é preciso que o autor tenha alguns cuidados: letra legível; margens regulares; destaques necessários; indicação de parágrafos; ausência de rasuras.

O problema principal da letra, num texto manuscrito, é a ilegibilidade. Para ser eficiente na comunicação, ela deve ser legível, não necessariamente "bonita". Letra legível é aquela que um leitor consegue ler sem precisar reler ou deduzir o que está escrito.

A letra pode ser ilegível por vários motivos:

1. **Desenho** – A maneira como se escrevem as letras faz parte de uma convenção social que deve ser respeitada. Argumentos do tipo "Meu S eu escrevo assim", "Esse é o meu jeito de escrever o T" etc. são inaceitáveis. Não existe um "jeito" de escrever uma letra. Existe um formato básico que, embora admita pequenas variações individuais, não pode fugir do padrão. Pergunte a seus leitores se eles entendem a sua letra. Caso a resposta seja negativa, observe se o problema não é o desenho dela. Se isso se confirmar, o melhor a fazer é praticar com exercícios de caligrafia.

2. **Espaçamento** – Muitas vezes, o texto se torna ilegível porque há entre as letras de uma palavra:
   a) um espaço muito grande; nesse caso, além da dificuldade de ler a palavra, não se sabe quando uma palavra termina e quando começa outra;
   b) um espaço muito pequeno; nesse caso, as letras quase se sobrepõem umas às outras, dificultando a leitura.

3. **Tamanho** – A dificuldade de leitura de um texto manuscrito pode ser decorrente do tamanho desproporcional das letras. Ou o autor do texto as escreve muito grandes, preenchendo todo o espaço da linha, ou as escreve tão pequenas que não é possível lê-las.

Caso seus leitores não entendam sua letra ou reclamem dela, procure identificar o problema. Conhecendo sua causa, com certeza será mais fácil solucioná-lo.

Parágrafo

O parágrafo é uma unidade de composição formada por uma ou mais frases relacionadas a uma ideia central.

> Para o escritor, o uso do parágrafo facilita a tarefa de dividir o texto em partes. Para o leitor, permite acompanhar os diferentes estágios do desenvolvimento do texto.

Indicação de parágrafos

Para indicar o começo do parágrafo, faz-se um ligeiro afastamento da margem esquerda na primeira linha, dando um pequeno espaço.

Muitos textos manuscritos apresentam, em relação à indicação do parágrafo, dois tipos de problemas:

- ausência do afastamento da margem esquerda na primeira linha do parágrafo;
- falta de uniformidade na indicação do começo do parágrafo.

Ao dar a redação final ao seu texto, cuide para manter espaço uniforme na indicação do parágrafo.

Margens

Ao escrever seu texto definitivo, tenha, em relação às margens, os seguintes cuidados:

1. mantenha uma pequena distância à direita e à esquerda;
2. faça margens regulares;
3. separe corretamente as sílabas.

Ausência de rasuras

A edição final de um texto deve ser, quanto ao aspecto estético, muito bem cuidada. Além de se preocupar em fazer letra legível, indicar adequadamente os parágrafos, fazer margens regulares, você deve evitar rasuras. A apresentação é seu cartão de visita. Um texto rabiscado e rasurado pode causar impressão negativa no leitor.

Para que a edição final de seu texto seja limpa e sem rasuras, é importante fazer todas as alterações que você julgar necessárias no rascunho. Nele poderão ser efetuados os acréscimos, os cortes, as rasuras. Com o objetivo de ganhar tempo, muitos alunos dispensam essa primeira etapa de escrita e não fazem mudanças que podem melhorar o texto.

Voltamos a repetir uma sugestão apresentada na etapa de produção: escreva o rascunho do texto a lápis, sem usar borracha. Isso confere ao autor maior liberdade, viabilizando um texto final produto de leituras e releituras.

Como dar destaque

Em um texto impresso podem ser usados vários recursos gráficos para destacar o título, partes do texto, palavras ou frases. Tais recursos serão analisados a seguir, em *Texto impresso*.

Num texto manuscrito, são dois os recursos básicos para dar destaque:

- letra maiúscula;
- sublinhado.

Observações

1. Evite usar em demasia a letra maiúscula ou o sublinhado.
2. No corpo do texto, não use os dois recursos: ou sublinhe ou use a letra maiúscula.
3. Não use aspas para destacar uma palavra. As aspas têm outras funções, como indicar citação alheia, fala de personagem, palavras ou expressões irônicas, palavras ou expressões populares.

Texto impresso

A edição final de seu texto pode ser digitada em um processador. Nesse caso, você terá à disposição uma série de recursos gráficos que possibilitam destacar o título, as palavras ou as frases.

Ao digitar o texto, você pode escolher **diferentes famílias** tipográficas, suas variações e tamanhos.

Famílias tipográficas

Família tipográfica é um conjunto de fontes (tipos gráficos) com as mesmas características. Além disso, essas fontes podem apresentar variações de espessura, largura, altura e outros detalhes.

As letras podem ser escolhidas de acordo com o objetivo e o gênero de seu texto.

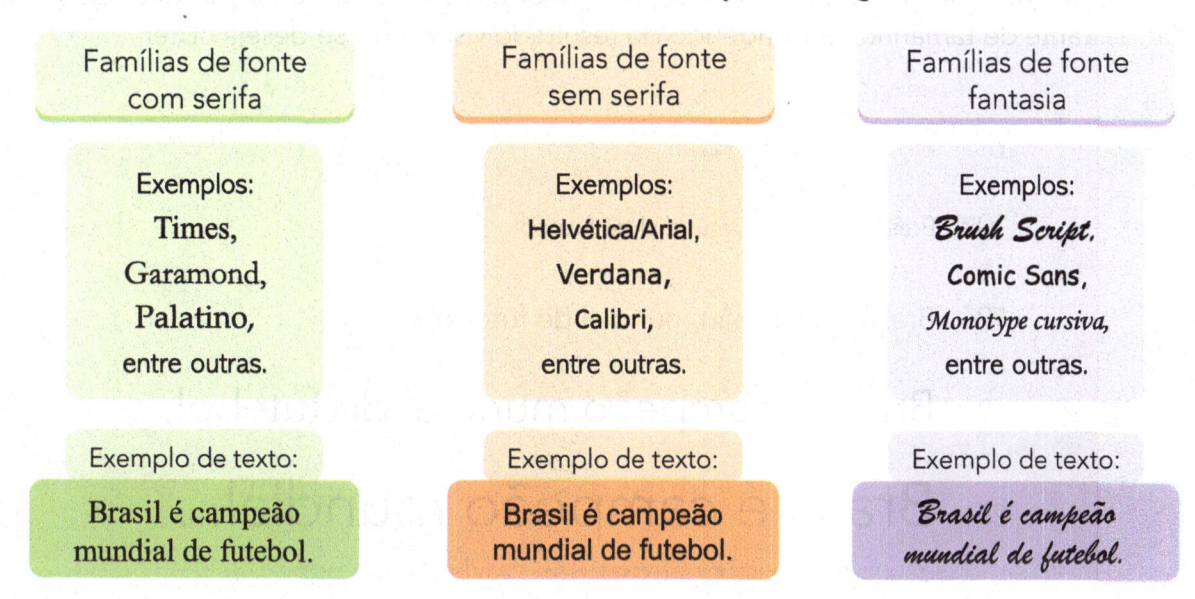

Famílias de fonte com serifa	Famílias de fonte sem serifa	Famílias de fonte fantasia
Exemplos: Times, Garamond, Palatino, entre outras.	Exemplos: Helvética/Arial, Verdana, Calibri, entre outras.	Exemplos: Brush Script, Comic Sans, Monotype cursiva, entre outras.
Exemplo de texto: Brasil é campeão mundial de futebol.	Exemplo de texto: Brasil é campeão mundial de futebol.	Exemplo de texto: Brasil é campeão mundial de futebol.

Variações

Em cada família, geralmente existem variações básicas de tipos de letras: regular (ou redondo), negrito (**bold**), itálico (*italic*) e negrito-itálico (***bold-italic***).

- **Redondo** – tipo de letra que costuma ser utilizado no corpo do texto.
- **Itálico** – é normalmente empregado para palavras de línguas estrangeiras, títulos de obras, jornais e revistas. É conhecido também como grifo.
- **Negrito** – é empregado para realçar uma palavra ou parte de um texto. É usado, sobretudo, em títulos e subtítulos.
- **Negrito-itálico** – assim como a variação negrito e itálico, pode ser empregado para realçar palavras e frases do texto.

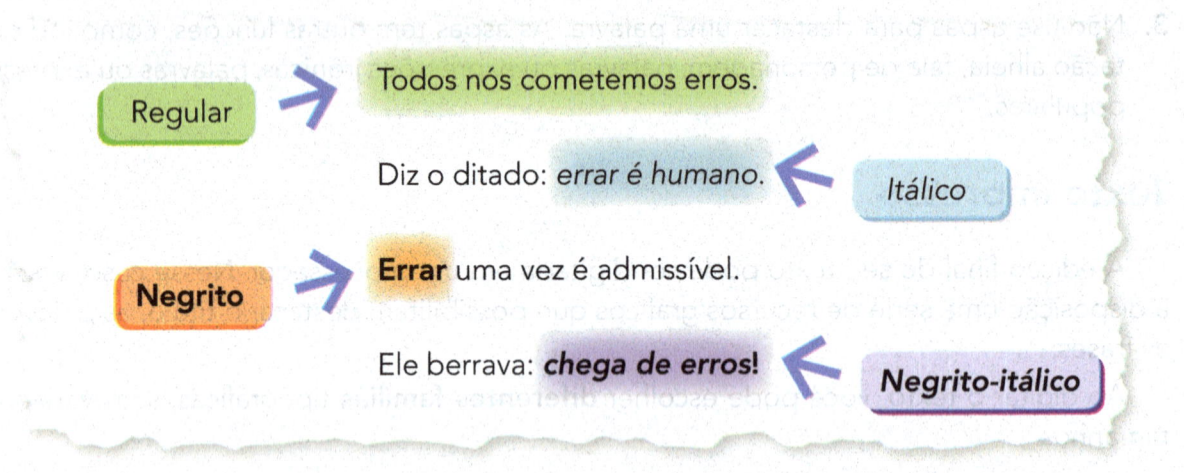

Regular → Todos nós cometemos erros.

Diz o ditado: *errar é humano.* ← Itálico

Negrito → **Errar** uma vez é admissível.

Ele berrava: ***chega de erros!*** ← Negrito-itálico

Tamanho

De acordo com o gênero, o portador de texto (jornal, jornal mural, revista, livro) e o realce que se pretende dar ao texto ou a parte dele (título, subtítulo), podem ser usadas letras de tamanhos diferentes.

Em linguagem tipográfica, o tamanho de uma letra é chamado de **corpo**. O corpo pode variar bastante de tamanho, dependendo do resultado visual que se deseja obter.

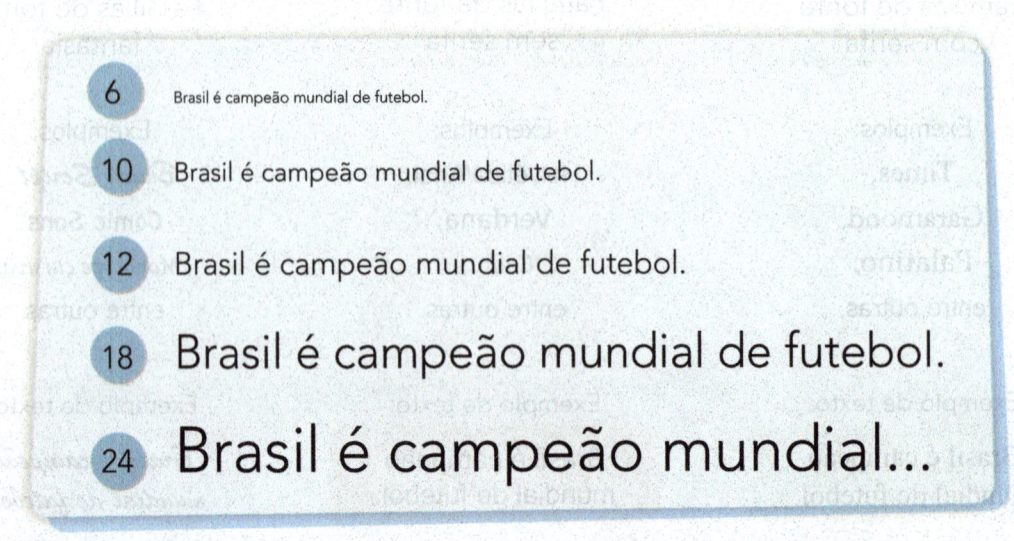

6 Brasil é campeão mundial de futebol.

10 Brasil é campeão mundial de futebol.

12 Brasil é campeão mundial de futebol.

18 Brasil é campeão mundial de futebol.

24 Brasil é campeão mundial...

2 CONCISÃO

Um dos aspectos ao qual você deve dar especial atenção ao revisar seu texto é a **concisão**, que consiste em usar apenas as palavras necessárias para transmitir uma informação.

Vários motivos podem determinar a ausência de concisão num texto escrito. Vamos observar, a seguir, algumas situações muito comuns.

Caracterizador genérico + caracterizador específico

> *O mundo do futuro deve ser um mundo melhor, um mundo com mais amor e compreensão.*

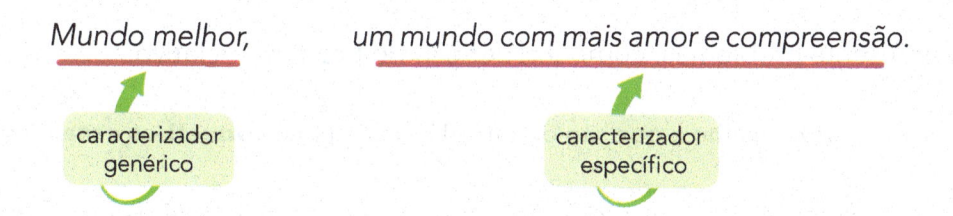

Mundo melhor, ← caracterizador genérico

um mundo com mais amor e compreensão. ← caracterizador específico

A caracterização genérica, nesse caso, é totalmente dispensável. Veja uma sequência de reestruturações. Cada uma delas propõe-se a resolver a prolixidade até obter um texto conciso e com vocabulário preciso.

1. *O mundo do futuro deve ser um mundo com mais amor e compreensão.*
2. *No mundo do futuro deve haver mais amor e compreensão.*
3. *Amor e compreensão devem pautar o comportamento do homem no futuro.*

Atividades

As frases a seguir apresentam repetição de ideias. Reescreva-as, tornando-as mais concisas.

1. Os pais se esquecem completamente do futuro dos filhos, pensando somente no dia de hoje.
2. O verde foi sendo retirado desordenadamente, sem um plano elaborado, surgindo concreto e concreto nas cidades.
3. A TV está sendo usada quase totalmente com fins comerciais, só interessando transmitir rótulos e marcas da sociedade de consumo.
4. As áreas verdes são muito importantes para nós e é delas que vivemos.
5. A educação é algo muito sério. Poderíamos dizer que é a base para a formação de uma nação.

Reforço desnecessário do pronome relativo

> É no lar que recebemos os principais conselhos, que são os conselhos dos pais, conselhos estes que nos ajudam a formar a nossa base.

Essa frase apresenta problemas, como a repetição do pronome relativo.

> ... os principais conselhos, que são os conselhos dos pais, **conselhos estes** que...

Observe que a expressão em negrito é dispensável na frase, pois exerce uma função relacional desempenhada pelo pronome relativo "que", o qual vem logo após.

Apresentamos a seguir uma sequência de possibilidades de reescrita desse texto para gradativamente resolver a repetição, até obter um texto conciso.

Reestruturações

1. É no lar que recebemos os conselhos principais, os dos pais, que nos ajudam a formar a nossa base.
2. No lar recebemos os conselhos principais, os dos pais, que nos ajudam a formar a nossa base.
3. No lar recebemos dos pais os conselhos principais, que nos ajudam a formar a nossa base.
4. No lar recebemos dos pais os conselhos principais, que constituem a base de nossa formação.
5. Os conselhos dos pais constituem a base de nossa formação.

Repetição do pronome relativo "que"

Para escrever de modo eficaz, é essencial conhecer e utilizar os recursos linguísticos disponíveis na língua, de forma a construir frases expressivas, concisas e claras.

Uma classe de palavras que merece atenção é o pronome relativo. Seu emprego inadequado pode gerar problemas de compreensão.

A função básica do pronome relativo "que" é relacionar uma palavra à outra, contribuindo para a coesão do texto. O problema fundamental em seu emprego é a repetição desnecessária.

Observe, por exemplo, esta frase:

> *As pessoas que assistem à televisão acabam se tornando máquinas que vão consumir os produtos que a TV vende.*

A repetição do pronome relativo torna a frase confusa.

Veja algumas possibilidades de reestruturação dessa frase:

1. *As pessoas, ao assistirem à televisão, tornam-se máquinas que vão consumir os produtos vendidos pela TV.*
2. *Os telespectadores acabam se tornando máquinas que vão consumir os produtos vendidos pela TV.*
3. *Os telespectadores se tornam máquinas consumidoras de produtos que a TV vende.*

Informações repetidas

> *Para possuirmos boa adaptação ao mundo em que vivemos, é essencial formação física e cultural em níveis altos, o que vai proporcionar melhor adaptação a este.*

Os trechos destacados nessa frase expressam a mesma ideia. São, portanto, redundantes.

Oferecemos, a seguir, algumas reestruturações que permitem eliminar, sem prejuízo para a ideia do autor, a prolixidade presente na frase.

1. *Para possuirmos boa adaptação ao mundo em que vivemos, é essencial formação física e cultural em níveis altos.*
2. *Para boa adaptação ao mundo em que vivemos, é essencial elevada formação física e cultural.*
3. *Para adaptação adequada ao mundo em que vivemos, é essencial elevada formação física e cultural.*
4. *Para nos adaptarmos adequadamente ao mundo em que vivemos, é essencial elevada formação física e cultural.*

5. *Para nos adaptarmos à sociedade, é essencial aprimorada formação física e cultural.*
6. *A adaptação à sociedade depende do aprimoramento físico e cultural.*

Atividades

Reescreva as frases a seguir, eliminando a prolixidade presente nelas. Faça as alterações que julgar necessárias.

1. "No mundo atual, o principal problema dos pais é a educação dos filhos, problema este que é também do governo nacional."
2. "Dentro do mundo que se me apresenta aí por fora, preciso sempre do contraste com o meu mundo interior, mundo este que analisa o exterior como ele é e aceita-o."
3. "Os pais de hoje têm uma vida muito agitada, não sobrando tempo para dedicar amor aos filhos. Os filhos, por sua vez, não recebendo amor, ficam agressivos, e os pais, não podendo olhar por sua educação, colocam-nos em creches, onde as pessoas estão ali para esta finalidade."
4. "Desde épocas remotas, o homem já sabia raciocinar. Nos primeiros tempos da civilização, o homem primitivo raciocinava como animal. Com a evolução, o homem consegue raciocinar melhor, descobrir utilidade para o seu bem-estar, como se vestir ou alimentar."

3 COESÃO

Os elementos que constituem um texto – as palavras, as frases e os parágrafos – não estão soltos. Há entre eles uma **ligação**, que dá **continuidade** ao conjunto. A essa costura ou conexão damos o nome de **coesão textual**. Observe a coesão no texto a seguir.

> O *Tolypeutes tricinctus*, **cujo** nome popular é **tatu-bola**, é o menor e único tatu endêmico ao território brasileiro. **Juntamente** com as preguiças e os tamanduás, os tatus fazem parte do grupo dos edentados, **que** ocorrem apenas no continente americano.
>
> O comprimento **desse animal** varia de 40 a 53 cm e mais 10 cm de cauda. **Ele** come formigas, escorpiões, frutas e ovos. De cada ninhada **sua** nascem, no máximo, dois filhotes.
>
> O tatu-bola, em décadas anteriores, foi um importante recurso alimentar para comunidades da caatinga da região Nordeste. Aliado a **isso**, a alteração dos ecossistemas **em que ele** vivia provocou **sua** quase extinção. Na realidade, até 1989, era considerado extinto. **Entretanto**, pesquisadores encontraram populações remanescentes **desses animais** na região norte e oeste do estado da Bahia.
>
> *Ciência Hoje das Crianças*, dez. 2002.

As palavras destacadas acima têm a função de ligar frases ou partes delas, dando coesão ao texto. Entre os vários recursos da língua que permitem obter coesão, podem ser destacados nesse texto:

a) coesão por referência:

O pronome **ele** retoma a palavra animal.

Os pronomes **cujo**, **que**, **sua**, **ele** referem-se a tatu-bola.

b) coesão por substituição:

A expressão "desses animais" retoma *Tolypeutes tricinctus* e tatu-bola, substituindo-os.

c) palavras de transição:

O advérbio **juntamente** introduz um acréscimo.

A conjunção **entretanto** introduz uma justificativa.

Coesão por referência

Na língua, há algumas palavras que têm a função de fazer referência a outras palavras presentes no texto. Vamos observar isso no trecho a seguir.

> [...] Durante o período de amamentação, a mãe ensina os segredos da sobrevivência ao filhote e é arremedada por **ele**. A baleiona salta, o filhote **a** imita. **Ela** bate a cauda, **ele** também **o** faz.
>
> *Veja*, set. 1997.

Observe que as palavras destacadas retomam uma palavra ou uma informação anterior, fazendo referência a ela.

A mãe ensina os segredos da sobrevivência ao **filhote** e é arremedada por **ele**.

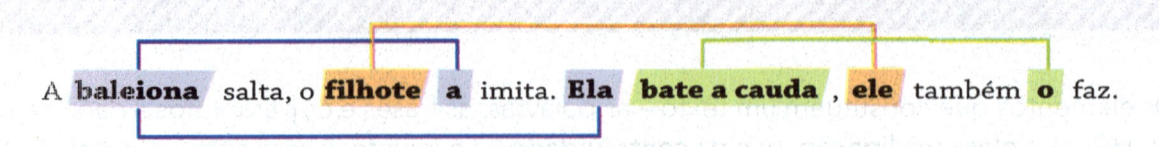

A **baleiona** salta, o **filhote** **a** imita. **Ela** **bate a cauda**, **ele** também **o** faz.

Existem classes de palavras cujo objetivo básico é funcionar como referência. São elas:

- **Pronomes pessoais**: eu, tu, ele, ela..., me, te, o, os...
- **Pronomes possessivos**: meu, teu, seu, nosso...
- **Pronomes demonstrativos**: este, esse, aquele, isso...
- **Pronomes indefinidos**: algum, nenhum, todo...
- **Pronomes relativos**: que, o qual, onde...
- **Advérbios de lugar**: aqui, aí, lá...

Na composição de um texto, o autor pode fazer uso de palavras ou expressões que têm relação de semelhança quanto ao significado, para indicar um referente que já tenha sido mencionado nesse mesmo texto. Observe como isso acontece no texto a seguir.

O talismã de *dreadlocks*

O roteiro que o destino reservou ao **jovem atacante** beira o realismo fantástico. Recém-chegado do Bragantino, **o garoto de *dreadlocks*** à la Djavan estreou em um clássico contra o Palmeiras, há duas semanas. O Corinthians atuava com a equipe B – os titulares foram poupados para a final da Libertadores – e **Romarinho** marcou dois golaços. Três dias mais tarde, já estava em Buenos Aires, incluído de surpresa na delegação que enfrentou o Boca. O jogo estava 1 a 0 para os argentinos quando, aos 38 minutos do segundo tempo, Tite **o** chamou e pediu para **ele** atuar apenas pelo lado direito. "Só ali?", perguntou. Era isso mesmo. Em **sua** primeira participação (pela direita, claro), **o garoto** iluminado recebeu de Emerson e, como se estivesse em uma pelada na rua, com frieza e absoluta precisão, deu uma "cavadinha" para encobrir o goleiro Orión. O lance fez parte da imprensa internacional pensar que a intimidade com a bola vinha do fato de ele ser filho do artilheiro Romário. Nada: **seu** nome é resultado da mistura dos nomes do pai (Ronaldo) e do avô (Mário). Após o confronto, deu entrevista com uma tranquilidade assombrosa, como se tivesse passado a vida marcando gols históricos.

NOME: Romário Ricardo da Silva
IDADE: 21 anos
POSIÇÃO: atacante

Veja São Paulo, 11 jul. 2012.

Diversas expressões foram empregadas para fazer alusão à mesma pessoa. Nesse parágrafo, observamos, ainda, outros mecanismos de coesão que você já conhece: **sua**, **ele**, **o**, que retomam o nome **Romarinho**.

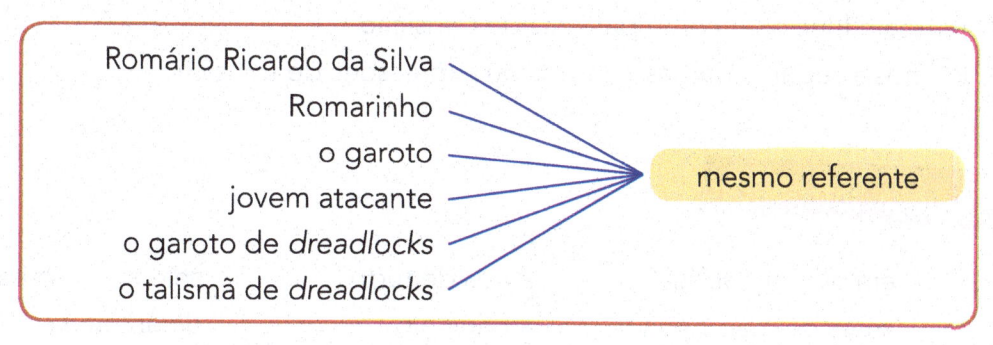

- Romário Ricardo da Silva
- Romarinho
- o garoto
- jovem atacante
- o garoto de *dreadlocks*
- o talismã de *dreadlocks*

→ mesmo referente

Palavras de transição

Quando você escreve um texto, constrói frases com diferentes objetivos: informar fatos, expor uma opinião, dar exemplos, levantar hipóteses, fazer comparações, apontar as causas ou as consequências de um problema etc. Para que essas frases não fiquem soltas, é necessário deixar claro para o leitor a inter-relação existente entre elas. Para isso, você pode fazer uso de **palavras de transição**, que contribuem para a coesão do texto.

Veja a presença dessas palavras no texto seguinte.

> No último decênio do século XIX criou-se uma situação excepcionalmente favorável à expansão da cultura do café no Brasil. **Por um lado** a oferta não brasileira atravessou uma etapa de dificuldades, sendo a produção asiática grandemente prejudicada por enfermidades, que praticamente destruíram os cafezais da ilha de Ceilão. **Por outro lado**, com a descentralização republicana, o problema da imigração passou às mãos dos estados, sendo abordado de forma muito mais ampla pelo governo do Estado de São Paulo, vale dizer, pela própria classe dos fazendeiros de café. **Finalmente**, os efeitos estimulantes da grande inflação de crédito desse período beneficiaram duplamente a classe de cafeicultores, proporcionando o crédito necessário para financiar a abertura de novas terras e elevando os preços do produto em moeda nacional, com a depreciação cambial.
>
> Celso Furtado. *Formação econômica do Brasil*.
> São Paulo: Companhia Editora Nacional, 2005.

Para fazer a *ligação* entre orações, frases ou parágrafos, existem palavras que desempenham fundamentalmente essa função: são as *preposições* e as *conjunções*, alguns *advérbios e locuções adverbiais*. Existem palavras que, de acordo com o contexto em que são empregadas, podem também funcionar como palavras de transição.

Agrupamos a seguir algumas palavras ou expressões de transição.

Começo, introdução

em primeiro lugar	antes de tudo	antecipadamente
antes de mais nada	a princípio	de antemão
primeiramente	à primeira vista	
inicialmente	desde já	

Adição

além disso	ainda mais	por outro lado
também	outrossim	não só... mas também
acresce que	da mesma forma	do mesmo modo
juntamente	bem como	ainda por cima
em conjunção com	além de que	(a)demais

Conclusão

enfim	finalmente	em resumo
em conclusão	por fim	portanto
logo	em síntese	nesse sentido
dessa forma	em suma	definitivamente
assim	resumindo	afinal

Tempo

então	logo depois	imediatamente
logo após	pouco antes	pouco depois
anteriormente	posteriormente	em seguida
por fim	atualmente	hoje
frequentemente	às vezes	constantemente
ocasionalmente	sempre	não raro
ao mesmo tempo	simultaneamente	nesse ínterim
nesse meio-tempo	enquanto isso	concomitantemente

Semelhança, conformidade

igualmente	da mesma forma	assim também
do mesmo modo	analogamente	por analogia
de maneira idêntica	de conformidade com	de acordo com
conforme	segundo	sob o mesmo ponto de vista

Causa e consequência

daí	por consequência	por conseguinte
com resultado	por isso	por causa de
de fato	em virtude de	assim
com efeito	logicamente	naturalmente

Exemplificação, esclarecimento

então	qual(is) seja(m)	ou seja
por exemplo	a saber	quer dizer
isto é	em outras palavras	ou por outra
em outros termos	em termos simples	sem rodeios
em linguagem clara	rigorosamente falando	ou mais simplesmente

Atividades

Escreva um parágrafo, seguindo as orientações.

a) Conheça alguns problemas que a exploração indiscriminada da Floresta Amazônica poderá causar.

Assunto	A exploração indiscriminada e desenfreada da Floresta Amazônica poderá acarretar ao país e ao planeta sérios problemas:
Problemas	1. Desequilíbrio no complexo mecanismo ecológico da região. 2. Impossibilidade de utilização de toda a riqueza natural. 3. Extinção da fauna, com suas espécies raríssimas. 4. Destruição da maior área verde do planeta.

b) Como você abordaria esses problemas em um texto, utilizando os elementos de coesão? Escreva seu texto.

4 COERÊNCIA

O que é **coerência**?

Em casa, no bate-papo com os amigos, na escola, você já deve ter ouvido ou mesmo dito frases do tipo:

- *Isso não tem coerência!*
- *Seu texto está incoerente!*
- *Seja coerente!*

Afinal, o que significa ser coerente ou ter coerência?

Suponhamos que você se posicione contra qualquer tipo de violência, mas agrida um colega. São posições contrárias, pois não é possível ao mesmo tempo praticar *bulliyng* com um colega, agredindo-o, e ser contrário à prática da violência. Há uma contradição entre suas opiniões e atitudes. Isso é ser incoerente.

Ser coerente significa guardar relação lógica entre opiniões, entre opiniões e sentimentos, entre opiniões e atitudes.

A coerência, porém, não é apenas uma virtude que deve estar presente em nossa vida; ela é também uma das principais virtudes de um texto.

Num texto, deve-se lançar mão da coerência no que diz respeito a vários aspectos: conteúdo, linguagem, elementos de composição.

Tipos de coerência

Coerência quanto ao conteúdo

Um texto com coerência deve apresentar relação entre as partes, unidade de sentido. As ideias devem ordenar-se e interligar-se de maneira clara e lógica. Uma ideia deve ajudar a compreender outra, para criar o sentido global. Isso é coerência.

> **Coerência** é a relação que se estabelece entre as partes do texto, criando unidade de sentido.

As frases devem formar um conjunto harmônico, em que todas as partes se encaixem de maneira que não destoem, que não haja contradições. Cada parte do texto deve se solidarizar com as demais.

Coerência quanto à linguagem

A coerência de um texto pode ser comprometida em relação à linguagem se não forem atendidos dois aspectos:

- adequação ao nível de linguagem;
- propriedade vocabular.

Adequação ao nível de linguagem

Níveis de linguagem são os diferentes registros que podem ser usados pelos falantes em situações de comunicação. Se você for escrever um *e-mail* para um amigo, por exemplo, empregará um nível de linguagem coloquial; mas, se for fazer um requerimento para o diretor de sua escola, deverá empregar um nível de linguagem formal.

O texto a seguir exemplifica uma incoerência quanto ao nível de linguagem.

> Senhor diretor
>
> Paulo Almeida, aluno regularmente matriculado no 9º ano deste estabelecimento de ensino, vem respeitosamente solicitar a Vossa Senhoria que deixe eu e mais meus colegas da classe faltar na segunda-feira da semana que vem porque a gente vai participar de uma exposição de trabalho na prefeitura desta cidade.

Um requerimento constitui um pedido escrito feito a uma autoridade. Exige, portanto, o uso do registro de linguagem formal. No texto, o autor do pedido empregou, após Vossa Senhoria, uma linguagem coloquial, inadequada para essa situação de comunicação escrita.

Propriedade vocabular

Entende-se por **propriedade vocabular** o uso adequado de uma palavra em relação à ideia que se quer expressar.

A falta de clareza e as incoerências presentes num texto são consequência, muitas vezes, do emprego inadequado de uma palavra. Veja este fragmento de texto.

> À tarde comecei a me preparar para o baile que se realizaria em minha casa, apesar de estar muito intrigada com o remetente anônimo da folha, embora eu já conhecesse quem tinha enviado.

Esse trecho apresenta vários problemas decorrentes de emprego inadequado de algumas palavras:

1. Como a autora poderia estar preocupada com um remetente "anônimo" que ela diz conhecer? Talvez ela não conheça o significado da palavra "anônimo".

2. A palavra "intrigada" significa "desconfiada". No texto, a autora provavelmente pretendia dizer que estava "preocupada".

Coerência quanto aos elementos de composição

Um texto deve estar adequado aos **elementos de composição**: narrador, leitor, contexto, gênero, tema e título.

Ao escrever, o autor organiza as informações respeitando a linguagem, a estrutura e as características do gênero textual.

Uma dissertação, por exemplo, possui linguagem bem diferente de uma narrativa. Como tem o objetivo de expor ideias, a dissertação parte de uma tese (apresentação do assunto a ser discutido), expõe argumentos (fatos, exemplos, opiniões que sustentem a tese) e faz um arremate dessas ideias para concluir. Nesse tipo de texto, o autor falará preferencialmente em terceira pessoa e empregará palavras abstratas.

Uma narrativa, cujo objetivo é recriar a realidade pelo relato de histórias, se organiza com base no conflito vivido pela personagem. Em torno dela, o narrador constrói a história, narrando as ações, comunicando as falas, os sentimentos e os pensamentos, descrevendo as características físicas, psicológicas e o ambiente em que ela se encontra. Além de intensificarem a atmosfera dramática que a personagem vive, esses elementos dão ritmo à história, cujo desfecho será o resultado da luta travada entre a personagem e seu conflito.

Ao revisar seu texto, tenha, em relação ao item *Coerência quanto aos elementos de composição*, os seguintes cuidados:

1. Identifique o gênero textual que você vai escrever.

2. Identifique as características básicas desse gênero.

3. Verifique se o texto que você escreveu atende a essas características.

Adequação ao tema

Geralmente, no dia a dia, você produz em duas situações:

- **no ambiente familiar, social ou profissional**. Nesse caso, a escrita pode ter o objetivo de expressar um sentimento, contar um fato, expor uma opinião, fazer uma declaração de amor etc., ou enviar uma mensagem a um amigo, fazer um pedido a uma pessoa, escrever uma carta, elaborar um relatório, fazer um convite etc.

- **no ambiente escolar**. Esse tipo de escrita ocorre em situações nas quais você, como aluno, em ambiente de sala de aula, ou como candidato a uma vaga num concurso, é solicitado a escrever um texto com base em determinada proposta.

A adequação ao tema está mais presente em situações de escrita no ambiente escolar, pois você é solicitado, em geral, a escrever observando uma série de recomendações, como: revisar o texto, verificar se o texto que escreveu atende à proposta, seja em relação ao assunto, seja em relação ao gênero de composição, entre outras.

Adequação do título ao texto

Os títulos podem variar de acordo com o tipo de texto (poesia, notícia, editorial, conto etc.), a linguagem (formal, regional, informal, poética, científica), o público a que se destina e o portador de texto (livro, jornal, revista). No entanto, costumam apresentar aspectos comuns quanto aos objetivos:

1. Antecipar ao leitor o conteúdo do texto.
2. Resumir o texto.
3. Despertar a atenção do leitor para o texto.

Além disso, o título deve:

1. ser simples;
2. ser esclarecedor;
3. ter poucas palavras.

Ao dar um título ao texto que você escreveu, tenha também os seguintes cuidados:

1. Evite a reprodução literal das palavras iniciais do texto.
2. Não empregue o ponto-final.
3. Informe, de preferência, o aspecto mais específico do assunto, não o mais geral.
4. Evite dividir uma palavra em sílabas.

Coerência quanto à unidade temática

TEXTO 1

A televisão

A televisão, apesar de nos trazer uma imagem concreta, não fornece uma reprodução fiel da realidade. Uma reportagem de tevê, com transmissão direta, é o resultado de vários pontos de vista: 1) do realizador, que controla e seleciona imagens num monitor; 2) do produtor, que poderá efetuar cortes arbitrários; 3) do *cameraman*, que seleciona os ângulos de filmagem; finalmente, de todos aqueles capazes de intervir no processo de transmissão. Por outro lado, alternando sempre os *closes* (apenas o rosto de uma personagem no vídeo, por exemplo) com cenas reduzidas (a vista geral de uma multidão), a televisão não dá ao espectador a liberdade de escolher o essencial ou o acidental, ou seja, aquilo que ele deseja ver em grandes ou pequenos planos. Dessa forma, o veículo impõe ao receptor a sua maneira especialíssima de ver o real.

Muniz Sodré. *A comunicação do grotesco*. Petrópolis: Vozes, 1977.

TEXTO 2

Atualmente a desigualdade social é muito grande, devido à má distribuição de renda, os ricos cada vez ficam mais ricos, e os pobres cada vez ficam mais pobres. Mas as pessoas estão conscientes de seus direitos de cidadãos, que consistem em ter uma casa, um emprego, enfim, uma vida digna.

No século XXI, se as pessoas lutarem muito, unidas poderão resolver o problema da fome, e se o governo quiser acaba com a pobreza, e faz com que as pessoas tenham pelo menos o necessário para sobreviver.

Com o crescimento da tecnologia, muitas pessoas têm perdido seu emprego, pois estão sendo substituídas pelas máquinas. A tecnologia é muito bom para os ricos, pois facilita seus trabalhos. Tudo isso causa cada vez mais a distância entre ricos e pobres.

[...]

L.M.V., 16 anos – aluno

Como leitor, você, com certeza, deve ter tido reações diferentes em relação a cada um desses textos.

No texto 1, você deve ter percebido que há, entre as frases, uma articulação:

> **Frase 1** – Tese: colocação do problema.
>
> **Frase 2** – Comprovação da frase 1.
>
> **Frase 3** – Desenvolvimento da frase 2.
>
> **Frase 4** – Conclusão: retomada da frase 1, fundamentada nas frases 2 e 3.

Na leitura desse texto, pode-se identificar um fio condutor que, ao costurar as frases, é responsável pela presença de uma ideia central. A essa propriedade do texto damos o nome de **unidade temática**.

No texto 2, ao contrário, o que primeiro se percebe em sua leitura é a ausência de uma ideia central. Não há um fio condutor que interligue e costure as frases. Falta a esse texto unidade temática.

> **Frase 1** – Colocação do problema.
>
> **Frase 2** – A ideia de oposição não se relaciona à frase 1.
>
> **Frase 3** – O assunto abordado nessa frase está desarticulado das frases 1 e 2.
>
> **Frase 4** – Focaliza-se outro problema social – o desemprego –, sem relacioná-lo ao problema colocado na frase 1.
>
> **Frase 5** – Afirmação sem qualquer relação com a sequência do texto.
>
> **Frase 6** – Conclusão desarticulada do conjunto do texto.

Embora essas afirmações até sejam aceitáveis isoladamente, no conjunto formam uma "colcha de retalhos". Falta-lhes unidade de sentido. O texto não consegue seu intento: expor ao leitor uma opinião fundamentada do autor a respeito do problema focalizado.

O que pode ter ocorrido no ato de escrita que gerou essa desorganização? Entre as várias hipóteses que podem explicar a ausência de unidade temática, destacamos duas:

Primeira hipótese: o autor não elaborou um roteiro das ideias que seriam desenvolvidas no texto, que parece ter sido escrito à medida que elas foram ocorrendo, sem terem sido definidos um ponto de vista, um objetivo e uma tese.

Segunda hipótese: o ato de escrita é entremeado por reflexões a respeito do tema, as quais não aparecem registradas no texto. Nesse sentido, o que aparece escrito é continuação do que foi pensado. Cria-se um hiato entre o texto escrito e o texto pensado. Como o leitor não tem acesso ao texto pensado, o texto escrito é insuficiente para comunicar as possíveis relações que se estabeleceram na mente do autor.

O esquema a seguir procura ilustrar o momento da escrita do texto 2.

> A – Autor escreve: "Atualmente a desigualdade social é muito grande, devido à má distribuição de renda, os ricos cada vez ficam mais ricos, e os pobres cada vez ficam mais pobres.".
>
> B – Autor pensa: É muito importante que a desigualdade social diminua no Brasil no decorrer dos anos. Para que isso aconteça, são necessárias políticas públicas que protejam as classes mais desfavorecidas. É importante também que as pessoas tenham mais acesso à educação para que estejam cada vez mais conscientes dos seus direitos.
>
> C – Autor escreve: "Mas as pessoas estão conscientes de seus direitos de cidadãos, que consistem em ter uma casa, um emprego, enfim, uma vida digna.".
>
> D – Autor pensa: Para que a sociedade mude, é necessário que as pessoas se unam em prol de um objetivo comum: exigir do governo melhores condições de vida.
>
> E – Autor escreve: "No século XXI, se as pessoas lutarem muito, unidas poderão resolver o problema da fome, e se o governo quiser acaba com a pobreza, e faz com que as pessoas tenham pelo menos o necessário para sobreviver.".
>
> F – Autor pensa: Um dos problemas que acarretam um aumento na desigualdade social é o desemprego.
>
> G – Autor escreve: "Com o crescimento da tecnologia, muitas pessoas têm perdido seu emprego, pois estão sendo substituídas pelas máquinas.".
>
> H – Autor pensa: Apesar de contribuir para a diminuição dos empregos, a tecnologia vai evoluir cada vez mais.
>
> I – Autor escreve: "A tecnologia é muito bom para os ricos, pois facilita seus trabalhos.".
>
> J – Autor pensa: As pessoas mais pobres não têm acesso a uma educação de qualidade, o que faz com que não tenham chance de crescer profissionalmente. Convivem com o desemprego ou recebem pouco pelo trabalho desempenhado.
>
> K – Autor escreve: "Tudo isso causa cada vez mais a distância entre ricos e pobres."

Cada um desses segmentos (A, B, C...) pode representar partes de frases, frases ou parágrafos. Apesar de todos esses segmentos estarem relacionados ao assunto, não há entre eles um fio condutor. Tampouco há entre os segmentos que compõem o texto escrito (A, C, E, G, I, K) qualquer relação lógica, dado que entre eles há reflexões do autor que não foram inseridas no texto. A ausência de um fio condutor e de uma continuidade lógica entre os segmentos resulta num texto sem unidade temática.

Atividades

O texto 2, escrito por L. M. V., apresenta sérios problemas, decorrentes da ausência de unidade temática. Reescreva-o, eliminando esses problemas. Para isso, organize as ideias, identificando assunto, ponto de vista, objetivo, justificativas.

5 ADEQUAÇÃO À NORMA-PADRÃO

Estilo

Cada um de nós, ao falar ou escrever, utiliza palavras que se encontram dentro de um sistema comum a todos os membros de uma mesma comunidade linguística.

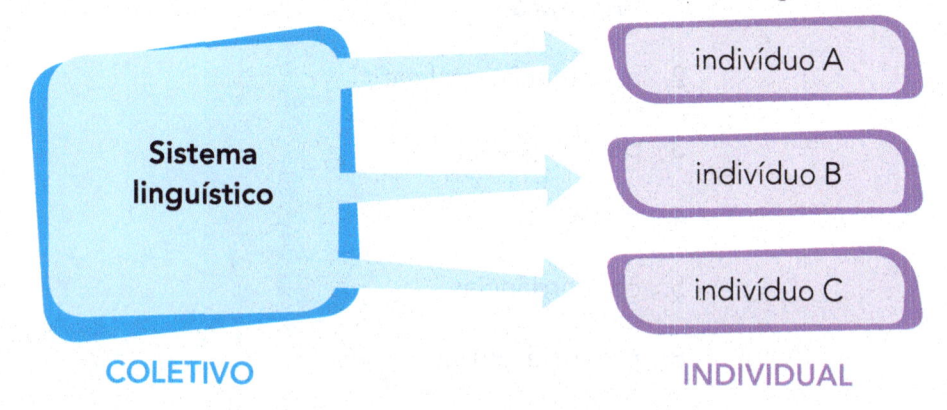

Sistema linguístico → indivíduo A, indivíduo B, indivíduo C

COLETIVO — INDIVIDUAL

Portanto, quando você fala (individual), utiliza o mesmo sistema que seus colegas (coletivo). Mas cada um de nós possui um **estilo**, isto é, sua forma própria de falar e escrever.

Variantes linguísticas

Essa forma própria de cada falante utilizar uma mesma língua sofre influência de fatores sociais, culturais, regionais e históricos. Embora todos falemos a língua portuguesa, no Rio de Janeiro, em São Paulo ou em Lisboa, existem variações linguísticas determinadas pela localização geográfica. Tais variações podem ser constatadas na pronúncia das palavras, na preferência por algumas formas linguísticas e no emprego de palavras com sentido específico. Por outro lado, um falante também se comunica de forma diferente de acordo com a situação social: numa conversa familiar (em casa, num clube, num bar, na rua...) ou numa conversa cerimoniosa (um discurso, uma entrevista, uma apresentação em público...). Essas diferentes formas de falar uma língua são denominadas **variantes linguísticas**.

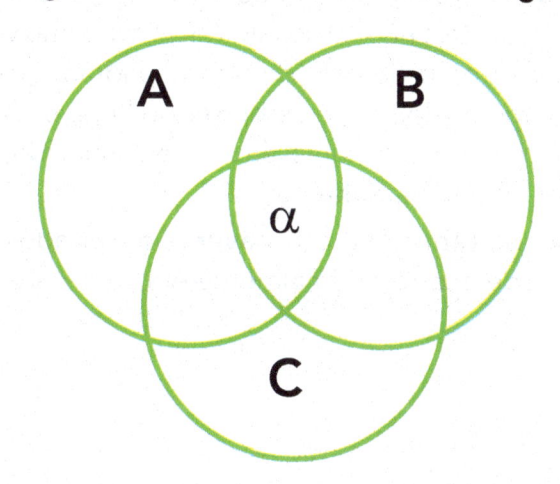

α = língua (sistema)
A, B, C... = variantes linguísticas

Guia de revisão de textos

Língua-padrão: normas gramaticais

Entre essas variantes linguísticas, há uma que adquiriu maior prestígio social por ser a variante vigente na classe social mais prestigiosa do país. É a chamada norma culta ou norma-padrão.

Quando se afirma que uma palavra ou uma frase está certa ou errada, entende-se que essa palavra ou essa frase está escrita de forma adequada ou inadequada em relação às regras e às convenções da norma-padrão.

Por isso, ao revisar seu texto, antes de publicá-lo, observe se ele atende às regras e às convenções da norma-padrão quanto à:

1. ortografia;
2. acentuação gráfica;
3. pontuação;
4. crase;
5. concordância;
6. regência verbal.

Para concluir o *Guia de revisão de textos*, e exemplificar o que foi dito sobre norma-padrão, leia o trecho da crônica a seguir.

> Cheguei atrasado à estação, quando o trem já **havia** partido. Vi-me só na plataforma vazia. Os guichês estavam fechados, assim como a cafeteria e todas as outras portas. Nem mesmo vestígio de fuligem podia ser sentido no ar. Resignado com a situação, senti o embaraço de não ter o que fazer. Dirigi-me a um banco encostado na parede e ali me sentei. Daí para a frente teve início um imaginar sem fim.
>
> Carlos Rossini. Disponível em: https://revistavitrineibiuna.com.br/?p=7145. Acesso em: 14 jul. 2020.

Com base em seus conhecimentos, de acordo com a norma-padrão, é possível substituir a forma verbal **havia** por **tinha** no texto acima? A resposta é não. O uso do verbo **ter** como verbo impessoal no lugar de **haver** não é adequado do ponto de vista da norma-padrão, que é a que rege a crônica de Carlos Rossini. Já na linguagem informal, o verbo **ter** no lugar de **haver** é frequentemente usado em conversas do dia a dia, com familiares, amigos e conhecidos. Ou seja, em uma conversa informal, é possível dizer "o trem já **tinha** partido".

Podemos concluir, portanto, que o uso do verbo **ter** no lugar de **haver** não é errado e sim inadequado em relação à norma-padrão, mas pode ocorrer normalmente em contextos mais informais.